浙江省社会科学界联合会研究课题成果

ZHEJIANG DANGDAI
XINWEN
BAOYE TUZHI

浙江当代
新闻报业图志

王明光　黄先义　邵杨　林露涵　编著

ZHEJIANG UNIVERSITY PRESS
浙江大学出版社

图书在版编目（CIP）数据

浙江当代新闻报业图志／王明光等编著. —杭州：
浙江大学出版社，2018.12
ISBN 978-7-308-18621-6

Ⅰ.①浙… Ⅱ.①王… Ⅲ.①新闻事业史－浙江－
现代－图集 Ⅳ.①G219.297-64

中国版本图书馆 CIP 数据核字（2018）第 214327 号

浙江当代新闻报业图志

王明光　黄先义　邵　杨　林露涵　编著

策划编辑	卢　川
责任编辑	杨利军　陈　翩
责任校对	沈巧华
封面设计	春天书装
出版发行	浙江大学出版社
	（杭州市天目山路 148 号　邮政编码 310007）
	（网址：http://www.zjupress.com）
排　　版	浙江时代出版服务有限公司
印　　刷	浙江省良渚印刷厂
开　　本	880mm×1230mm　1/32
印　　张	6
字　　数	133 千
版 印 次	2018 年 12 月第 1 版　2018 年 12 月第 1 次印刷
书　　号	ISBN 978-7-308-18621-6
定　　价	42.00 元

序

　　新闻报业是社会生活的镜子,是时代的忠实记录者。一部浙江当代新闻报业史,既能反映浙江当代新闻事业发展的历史轨迹,也能折射出浙江的发展巨变。这是浙江历史不可或缺的一页,也是浙江创建文化强省的重要工程之一。

　　1949年5月3日,杭州解放。5月9日,中共浙江省委机关报《浙江日报》创刊。接着,各地党报相继创刊,代表浙江当代新闻报业的发展进入一个崭新的阶段。然而,由于种种原因,浙江当代新闻报业也经历了一个发展、收缩、再发展的过程。改革开放以来,浙江的新闻报业迅猛发展,报纸的品种和数量大幅增多,发行总量大大提高,报业经济实力增强,技术现代化步伐加快,走在了全国报界的前列。浙江蓬勃发展的新闻事业为我们既留下了丰富的文字资料,又留下了大量的图片资料,《浙江当代新闻报业图志》一书甄选代表性的报业图片,既看重史的线索,又把握重要新闻人物、新闻事件和新闻现象,主要反映中华人民共和国成立后浙江各个时期各地新闻报业发展的情况,尤其是改革开放以来浙江的报业发展繁荣情况,直观展示了浙江当代新闻报业发展的进程。

《浙江当代新闻报业图志》是浙江省社科联研究项目,原定名《浙江新闻事业发展史图志》,在编写的时候,由于考虑不足,遇到很多困难:首先是课题所限定的时间跨度太长,资料浩瀚很难寻找收集;其次是人员太少,时间有限,且利用课余时间编写,应该承认很难在短时间内完成这部著作。于是,我们逐渐把视线由古到今转移到当代,并按照以史为经、以图为纬的原则,定名为《浙江当代新闻报业图志》,人员也从两人增加到四人,但写好这本书并非易事,必须坚持实事求是的观点,尊重历史,力求客观全面。编写过程中,图片资料的查找较为困难,需要到浙江图书馆、杭州图书馆等重要图书馆和地方图书馆以及省、市报业新闻单位等进行搜集整理;同时,结合当代不同时期的政治、思想、文化等语境,对浙江新闻报业进行多角度、多层次梳理,也有一定难度,需要用心去感受时代的脉搏。本书以史统图,以图现史,采用图配文的形式记录和展现浙江新闻事业发展的历史,丰富了浙江新闻报业研究。

随着社会的发展、时代的进步,人们的阅读习惯也有所改变,图片以其直观、形象、鲜明、简洁、易懂的特点,成为人们重要的信息获取渠道,其作用越来越重要。编写这样一部图志的愿望,在心中已经积存了多个年头。图片资料是一种特殊的语言,它包含着非常丰富的信息,从中可以窥见一时一地的社会风气、文化氛围,因此,"图志"的编写,要站在一定的高度,记录那些有研究价值的东西,发掘那些值得深思的东西。书名"图志",是新闻报业史的一种新的书写形式,切入新闻报业史的独特侧面,有所出新,图必精选,文必见史,覆盖全局,局面丰富。"志"在人的心目中,是史的雏形,或是史的一个分支、一个侧面的表述,《浙江当代新闻报业图志》以史统图、以图出史,这便是其独特思路了。

本书的编写并非易事,有的图片资料查找不到,十分可惜,但不管怎么样,经过努力,书稿最终呈现在读者面前了。其间得到了很多人的鼓励和帮助,在此表示衷心感谢。由于时间、水平有限,本书还存在许多不足,恳请读者朋友们不吝指正。

王明光
2018 年 8 月于杭州

目　　录

第一篇　中华人民共和国成立 初期的浙江新闻报业

　　1949 年 5 月 3 日,杭州解放。10 月 1 日,中华人民共和国成立。新中国的诞生,人民政权的建立,开启了中国历史的新时代,新闻事业也从此进入一个新纪元。

　　中华人民共和国成立初期,为及时传递中共中央和浙江省委的声音,全面兴起建设社会主义的热潮,浙江省新闻工作者推出了大量有关新建设、新成就的报道。

杭州解放前夕，浙江省内出版发行的报纸仅 20 余种。全省各地市党委、军事管制委员会（后简称"军管会"）曾独自或合作创办 4 开小报，如《宁波新华电讯》《金华新闻》《衢州新闻》以及《时事简讯》（丽水）、《新华电讯》（绍兴、湖州）。这些在中华人民共和国成立初期新创办的小型报纸，内容大多是新华通讯社电讯。

《宁波新华电讯》

1949 年 6 月 5 日，杭州市军管会颁布《杭州市报纸杂志通讯社登记暂行办法》，《当代晚报》《工商报》等登记获准。《工商报》获准出版后，因报社陷入经济困境，于 1949 年 11 月底停刊。《当代晚报》以《当代日报》为新报名于当年 6 月重新出版。

《当代日报》1949 年 6 月

随着全省各地陆续解放，新型的人民报纸先后创刊，逐步构筑起中国共产党领导的浙江社会主义报业体系。

一、中共浙江省委机关报《浙江日报》创刊

1949 年 5 月 9 日，《浙江

日报》创刊,是中共浙江省委机关报,是浙江历史上第一份在全省范围内公开出版发行的党报。创刊伊始,日出对开4版一大张(5月13—27日为对开2版)。

1949年6月,中共浙江省委任命陈冰为浙江日报社社长。6月18日,浙江日报社社务委员会成立。当日第一次社务会议决定筹办杭州新闻学校,校长由陈冰兼任。

浙江日报社社址初设杭州众安桥(原东南日报社旧址),办公用房约3500平方米。办公设施简陋,仅靠一台旧的铁壳收音机抄收电讯,出版靠的是手工排字和中华人民共和国成立前的老印刷设备。

《浙江日报》办报宗旨,就是为人民服务、为社会主义服务,发挥"集体宣传者、集体鼓动者和集体组织者"的作用,成为中国共产党联系人民群众的桥梁和纽带。

《浙江日报》创刊号

《浙江日报》
1949年10月3日(1版)

《浙江日报》
1949 年 10 月 4 日（1 版）

20 世纪 50 年代的《浙江日报》

二、各地区党报陆续创刊

《浙江日报》在杭州创刊并向全省发行后，1949 年到 50 年代初，各个地区相继创办中共地委机关报，逐步构建起浙江社会主义报业体系。

1.《浙南日报》

地区党报中，温州《浙南日报》率先面世，其前身是中共浙南特委机关报《浙南周报》。

《浙江日报》
1949 年 10 月 6 日（1 版）

原浙南革命根据地报纸
《时事周报》1947年5月1日
创刊,1948年7月1日改名
《浙南周报》,社址在当时的
浙南游击区瑞安湖岭山区。

1949年5月7日温州和
平解放后,中共温州地委决
定在《浙南周报》基础上改刊
创办《浙南日报》,5月12日
正式出版;由军管会接收国
民党《浙瓯日报》等数家报社
的设备器材,拨交浙南日报
社使用。

《浙南日报》

1950年4月起,因当时
纸源缺乏,《浙南日报》改出4
开2版。

1951年8月,《浙南日
报》改出以农民和农村干部
为主要读者对象的《浙南大
众》,4开4版,3日刊(后改
隔日刊、周六刊)。至20世
纪60年代初,辖区各县均建
有县委报道组。

2.《甬江日报》与《宁波人报》《宁波大众》

《甬江日报》是中共宁波
地委机关报,创刊于1949年8

《浙南周报》

月8日,对开4版。1、2版为国内外要闻和地方新闻;3版是本地区经济新闻;4版为副刊。

1951年9月,《宁波时报》更名改版为《宁波大众》,日出4开4版,后曾扩为4开8版。1972年10月停刊。

《甬江日报》

《宁波人报》

中共地下党员庄禹梅1949年8月与人合作创办《宁波人报》。1950年7月,该报并入《甬江日报》,易名改出《宁波时报》,社址在永寿街1号。

《宁波人报》

《宁波时报》

《宁波报》

《宁波大众》

3.《宁波报》

1956年元旦,宁波市委曾创办《宁波报》,主要读者对象为宁波市区居民。

4.《金华大众》

《金华大众》为中共金华地委机关报,1949年12月1日创刊。周三刊出,初为4开2版,后改4开4版。1950年3月停刊。

次年4月复刊,改名《金华报》,刊期、开数、版面数不变。1954年3月再度停刊。1955年5月,第二次复刊,仍用《金华大众》报名。1962年3月底,受三年经济困难的影响又一次停刊。

《金华大众》

《金华报》

1963 年 7 月，第三次复刊。1966 年 9 月，受"文化大革命"影响，无法正常出版而停刊。

5.《衢州大众》

《衢州大众》是中共衢州地委机关报，创刊于 1949 年 12 月 1 日。5 日刊，4 开 2 版。1950 年 4 月停刊。1952 年 1 月复刊，改为 3 日刊，4 开 4 版。

《衢州大众》

《衢州大众》报头由舒同题写，前后共出 289 期。《衢州大众》主要报道当时解放战争胜利消息，以及全区组织农会、剿匪、反霸和发展生产、征粮情况。

6.《台州大众》

《台州大众》为中共台州地委机关报,创刊于 1953 年 1 月 1 日。3 日刊,4 开 4 版。1954 年 3 月休刊。1958 年复刊,先出隔日刊,后改出日刊。

1959 年,因撤销台州专区建制而停刊。1962 年 5 月,台州专区复置,遂于 1964 年 7 月再度复刊,报头为郭沫若考察天台、温州途经黄岩时题写。

《台州大众》

1966 年 9 月,受"文化大革命"影响而停刊。1969 年 8 月起,刊出《红台州报》。1972 年 2 月,复名《台州大众》。1972 年 10 月 15 日停刊。

《红台州报》

三、以火热的激情投身社会主义建设

中华人民共和国成立初期,浙江省和全国步调一致,全面兴起建设社会主义的热潮,新闻工作者推出了大量有关新建设、新成就的报道。

特派记者、《浙江日报》副总编唐为平赴北京参加了开国大典。他采写了通讯《人民首都第一天》《人民新中国诞生地》，把这一页历史撰写在《浙江日报》的史册中。

《领导全村翻身增产》，
《浙江日报》1950 年 9 月 16 日

唐为平采写的通讯《人民首都
第一天》《人民新中国诞生地》

1950 年 9 月 16 日，《浙江日报》第 5 版刊登《领导全村翻身增产》，报道浙江省首届农业劳动模范陈双田参加农会，带领群众兴修水利，把旱地改造为水田，使亩产增加了 3 倍。

1958 年 2 月，《浙江日报》刊登《振奋人心的大喜事》，文章说新安江水电站是"我国自己勘测、自己设计和自己施工、自制发电设备的大型水电站，它的装机容量为五十八万千瓦，比我国目前最大的小丰满水电站的容量还大"。

《振奋人心的大喜事》，
《浙江日报》1958年2月

1957年2月20日，"浙江钢铁厂"的名字首次出现在《浙江日报》上，《本省在杭县兴建钢铁厂》记录了浙江这座现代钢铁厂成立的第一步。

1958年5月13日，《浙江日报》在头版刊登了《衢州化工厂破土兴建》的消息。文中说，浙江省第一座石灰氮车间于5月11日动工建设，这"对支援农业生产有着重大的意义……每斤石灰氮可以增产稻谷三斤到五斤"。这一天成为衢州化工厂建厂纪念日。

《衢州化工厂破土兴建》，
《浙江日报》1958年5月13日

《本省在杭县兴建钢铁厂》，
《浙江日报》1957年2月20日

第二篇 "大跃进"前后的浙江新闻报业

20 世纪 50 年代中期,浙江全省出现新中国成立后第一个办报高潮,省以下各级党委机关报相继创办,除宁波、温州、金华、衢州各地区党委此前已在办报外,杭州、嘉兴、舟山等地(市)级党报均于 1954、1955 年先后创刊,特别是各县党委也在这一时期纷纷办报。从此,以《浙江日报》为"龙头",在全省范围形成省、地(市)、县三级党委机关报网络。同期创办的报纸,还有《浙江青年报》《浙江交通报》等专业报。在各级党报中,唯有《杭州日报》被确定为城市报纸,其他均以农民群众为主要读者对象,以农业和农村工作为宣传重点,多为 4 开 4 版周刊。各地(市)、县级党报初创阶段,其发行量多则三五万份,少则几千份。

20 世纪 50 年代末至 60 年代初,由于行政建制变动,或经济暂时困难,除杭州、宁波、温州以外的地(市)级党报和大部分省级报纸陆续停刊,县级党报到 1961 年 2 月全部停刊。

一、20 世纪 50 年代中期浙江出现首次办报高潮

20 世纪 50 年代中期,随着农业合作化运动的发展,浙江全省掀起首次办报高潮,此前尚未办报的地市党委相继创办机关报。

1955 年元旦,中共嘉兴地委机关报《嘉兴大众》创刊;1955 年 3 月 1 日,中共舟山地委机关报《舟山报》创刊;1955 年 5 月 1 日,中共建德地委机关报《建德大众》创刊。三者均是 4 开 4 版 3 日刊,并以农(渔)村干部和农(渔)民为主要读者对象。

在这次办报高潮中,最引人注目的是"县县办党报"。从 1954 年开始的 4 年内,浙江全省盛开"县报"之花,县级党委机关创办的报纸总数超过 70 种。

(一)地区级党报普遍创办

1.《杭州日报》

《杭州日报》是中共杭州市委机关报,1955 年 11 月 1 日创刊。

中共杭州市委于 1955 年 4 月 18 日成立《杭州日报》筹备委员会,市委常委、宣传部部长胡景瑊兼任主任。《杭州日报》创刊初期为对开 4 版,依次为要闻版、地方新闻版、文化生活等副刊专刊版和新华社电讯版。60 年代初经济困难时期,改出 4 开 4 版,并限量发行 3 万份。

《杭州日报》

《杭州日报》创刊前,中共杭州市委《关于创办〈杭州日报〉的决定》指出,《杭州日报》是地方性、综合性的城市报纸,是市委宣传和贯彻党的路线、方针、政策,指导实际工作,联系和教育群众的有力武器,要求根据城市的特点,以全市工人和干部为主要读者对象,兼顾城市各阶层人民及郊区农民。根据城市党报的定位,《杭州日报》在坚持正确舆论导向的前提下,强调主攻新闻,增加信息量,加强指导性、服务性,适应城市人民的需要。

2.《嘉兴日报》

《嘉兴日报》是中共嘉兴市委机关报。其前身为中共嘉兴地委机关报《嘉兴大众》,创刊于 1955 年元旦。

《嘉兴大众》为 4 开 4 版 3 日刊,1957 年 4 月停刊。1958 年 4 月复刊,改出《杭嘉湖报》,到 1961 年因国家经济困难再度停刊。

《嘉兴日报》

《嘉兴大众》

《杭嘉湖报》

3.《舟山日报》

《舟山日报》是中共舟山市委机关报,原名《舟山报》。1955年3月1日创刊,4开4版3日刊。

1957年起出隔日刊。1958年5月改出日刊,并更名为《舟山日报》。同年11月,中共中央副主席刘少奇同志视察舟山时题写了报头,1959年元旦启用。后因行政建制变动等,于1961年2月停刊。

1955年创刊时,中共舟山地委确定《舟山报》的任务是:贯彻党的过渡时期的总

路线、总任务,动员人民群众积极搞好生产以及渔业、农业、盐业、手工业和资本主义工商业的社会主义改造,同时加强对敌斗争。

《舟山日报》

《舟山报》

（二）县级党报全省"开花"

为了适应农业合作化发展的新形势，从 1954 年开始的 4 年内，浙江全省盛开"县报之花"，县级党委机关创办的报纸总数超过 70 种。1955 年，浙江先后有 8 家县报出版发行，即《慈溪报》《杭县报》《富阳报》《诸暨报》《海宁报》《吴兴报》《绍兴报》《乐清报》。而在社会主义改造基本完成的 1956 年，县级党报像雨后春笋般破土而出，计有 60 种之多。

1.《临海报》

浙江省第一份县级党报为 1954 年 5 月创刊的《临海报》，后改名为《临海日报》。

《临海日报》

2.《瑞安报》《萧山报》

1954 年晚于《临海日报》创办的县报还有《瑞安报》和《萧山报》。

《瑞安报》

1954 年 12 月 11 日,《萧山报》创刊。1958 年 6 月 1 日更名为《萧山日报》。1961 年 2 月 1 日停刊,共出版 1283 期。

《慈溪报》

《萧山报》

3.《慈溪报》

《慈溪报》1955 年 1 月 1 日创刊,是宁波地区首份县级党报。1958 年 9 月更名为《慈溪日报》,1961 年 2 月停刊。

4.《杭县报》

原为中共杭县县委机关报。1955 年 4 月 16 日创刊。8 开 2 版 5 日刊,次年改出 3 日刊。1958 年 5 月 16 日,因杭县建制撤销而停刊,共出 337 期。

《杭县报》

《富阳报》

5.《富阳报》

原为中共富阳县委机关报。创刊于 1955 年 6 月 1 日。8 开版,每月 6 期。1958 年 10 月更名为《富阳日报》,每日出版。1960 年 8 月,富阳、桐庐两县合并,《富阳日报》并入《桐庐日报》。1961 年年底富阳县建制恢复,一直未再办报。

6.《诸暨报》

中共诸暨县委机关报。创刊于 1955 年 7 月 1 日,1961 年停刊。

《诸暨报》

7.《海宁报》

中共海宁县委机关报。创刊于 1955 年 7 月 1 日。8 开 2 版,5 日刊。后为 3 日刊。1958 年 4 月改日刊,并更名为《海宁日报》。1961 年 2 月停刊。

《海宁报》

8.《吴兴报》

中共吴兴县委机关报。《吴兴报》创刊于 1955 年 7 月 16 日,1958 年 5 月更名为《吴兴日报》。

《吴兴报》

9.《绍兴报》

中共绍兴县委机关报。1955 年 9 月 1 日创刊。初为 3 日刊,后为日刊。1961 年 2 月停刊。

《绍兴报》

10.《乐清报》

中共乐清县委机关报。
创刊于 1955 年 9 月 1 日。
1957 年 1 月停刊,1958 年 5
月复刊,1961 年 2 月又停刊。

《乐清报》

11.《新昌报》

中共新昌县委机关报。
创刊于 1956 年 6 月,1958 年
11 月停刊。

《新昌报》

12.《嵊县报》

中共嵊县县委机关报。
创刊于 1956 年 3 月。初为 4
开 2 版,每逢 3、8 日出版,发
行 5000 余份。

《嵊县报》

13.《新登报》

中共新登县委机关报。创刊于 1956 年 4 月,1957 年 5 月停刊。

《金华报》

《新登报》

14.《金华报》

中共金华县委机关报。《金华报》创刊于 1956 年 4 月 16 日,后停刊。1958 年 5 月 1 日复刊,11 月 1 日改出《金华日报》。

《金华日报》

15.《武义报》

中共武义县委机关报。1956 年 4 月 25 日创刊。4 开 2 版 5 日刊,于 1957 年 5 月停刊。1958 年 5 月 1 日复刊,同年 11 月,因县级建制变动并入《永康报》。

《上虞报》

17.《余姚报》

中共余姚县委机关报。创刊于 1956 年 5 月 1 日。1958 年 7 月,更名为《余姚日报》。1961 年 2 月停刊。

《武义报》

16.《上虞报》

中共上虞县委机关报。1956 年 5 月 1 日创刊。初期为 8 开 2 版 5 日刊。1958 年出 4 开 4 版隔日刊,同年 7 月 4 日更名为《上虞日报》。1961 年 2 月 8 日停刊。

《余姚报》

18.《奉化报》

中共奉化县委机关报。创刊于 1956 年 5 月,1961 年停刊。1997 年 1 月 1 日起更名为《奉化日报》。

19.《鄞县报》

中共鄞县县委机关报。创刊于 1956 年 5 月 1 日。1958 年改出《鄞县日报》,年底并入《宁波报》。

《奉化报》

《鄞县日报》

《奉化日报》

20.《永康报》

中共永康县委机关报。1956 年 5 月 1 日创刊。初期为 4 开 4 版 5 日刊,不久改为 4 开 4 版隔日刊、周六刊。1960 年 7 月停刊。

《兰溪报》

《永康报》

21.《兰溪报》

中共兰溪县委机关报。创刊于 1956 年 5 月 1 日。初为 4 开 2 版 3 日刊,1958 年 7 月改为 4 开 4 版隔日刊。1960 年 9 月停刊。

22.《江山报》

中共江山县委机关报。创刊于 1956 年 5 月 1 日。创办初期为 8 开 4 版 5 日刊,后改 3 日刊和 4 开隔日刊。1961 年 2 月停刊。

《江山报》

23.《淳安报》

中共淳安县委机关报。1956 年 5 月 1 日创刊。1958 年,原遂安县并入淳安县,随之两县县报合刊为《淳安日报》。1960 年 11 月又改称《淳安报》,次年 2 月停刊。

《淳安报》

24.《黄岩报》

中共黄岩县委机关报。创刊于 1956 年 5 月 1 日,3 日刊。1958 年 6 月更名为《黄岩日报》。1961 年 2 月停刊。

《黄岩报》

25.《义乌报》

中共义乌县委机关报。创刊于 1956 年 5 月,1960 年 9 月停刊。

《义乌报》

26.《东阳报》

中共东阳县委机关报。创刊于1956年5月1日。初为4开2版5日刊,同年10月改3日刊。1958年曾出隔日刊、日刊。1961年2月停刊。

《余杭报》

《东阳报》

27.《余杭报》

中共余杭县委机关报。创刊于1956年5月1日,1958年2月停刊。1958年7月1日改出《余杭日报》。

《余杭日报》

28.《温岭报》

中共温岭县委机关报。创办于1956年5月1日,4开4版隔日刊。1957年4月1日休刊。1958年7月复刊,改称《温岭日报》。1961
年2月又停办。

《温岭报》

29.《临安报》

中共临安县委机关报。
创刊于 1956 年 5 月 1 日,
1961 年 2 月停刊。

《临安报》

30.《开化报》

中共开化县委机关报。
创刊于 1956 年 5 月,1961 年
停刊。

《开化报》

31.《镇海报》

中共镇海县委机关报。
创刊于 1956 年 5 月,1958 年
11 月停刊。

《镇海报》

32.《定海报》

中共定海县委机关报。创刊于 1956 年 5 月,1957 年 7 月停刊。

《定海报》

33.《宁海报》

中共宁海县委机关报。创刊于 1956 年 5 月,1958 年 12 月停刊。

《宁海报》

34.《象山报》

中共象山县委机关报。创刊于 1956 年 5 月,1961 年 2 月停刊。

《象山报》

35.《长兴报》

中共长兴县委机关报。创刊于 1956 年 5 月,1960 年停刊。

《永嘉报》

《长兴报》

36.《永嘉报》

中共永嘉县委机关报。1956 年 5 月 1 日创刊。

37.《平阳报》

中共平阳县委机关报。创刊于 1956 年 4 月。1957 年因纸张供应困难而停刊,1958 年 2 月 1 日复刊,1962 年再次停刊。

《平阳报》

《文成报》

38.《文成报》

中共文成县委机关报。创刊于 1956 年 9 月 1 日。1958 年 9 月 1 日,改出《文成日报》。1958 年 10 月,文成县建制撤销,并入瑞安县,《文成日报》随之停刊。

《文成日报》

39.《泰顺报》

中共泰顺县委机关报。创刊于 1956 年 5 月。

《泰顺报》

40.《龙泉报》

中共龙泉县委机关报。1956 年 6 月 1 日创刊,1957 年 4 月停刊,次年 5 月复刊。1959 年改名《龙泉日报》,1961 年 2 月又停刊。

《龙泉报》

41.《海盐报》

中共海盐县委机关报。1956 年 7 月创刊。1957 年更名为《海盐日报》,同年 11 月因县级建制变动而并入《海宁日报》。

《海盐报》

42.《庆元报》

《庆元报》创刊于 1956 年 7 月,1958 年 10 月停刊。

《庆元报》

43.《浦江报》

中共浦江县委机关报。创刊于 1956 年 7 月。

《浦江报》

44.《安吉报》

中共安吉县委机关报。创刊于 1956 年 7 月,1961 年 1 月停刊。

《安吉报》

45.《建德报》

中共建德县委机关报。创刊于 1956 年 8 月,1958 年 10 月 3 日改出《建德日报》,1961 年 2 月停刊。

《建德日报》

46.《德清报》

中共德清县委机关报。创刊于 1956 年 8 月,1961 年 2 月停刊。

《德清报》

47.《衢县报》

中共衢县县委机关报。创刊于 1956 年 6 月,1961 年停刊。

《衢县报》

48.《寿昌报》

中共寿昌县委机关报。创刊于 1956 年 6 月 1 日,1958 年 9 月停刊。

《寿昌报》

49.《常山报》

中共常山县委机关报。创刊于 1956 年 10 月，1958 年 10 月停刊。

《常山报》

50.《磐安报》

中共磐安县委机关报。创刊于 1956 年 10 月。

《磐安报》

51.《桐乡报》

中共桐乡县委机关报。创刊于 1956 年 8 月。

《桐乡报》

52.《嘉善报》

中共嘉善县委机关报。
创刊于 1956 年 5 月。

《嘉善报》

53.《平湖报》

中共平湖县委机关报。
创刊于 1956 年 5 月 1 日。

《平湖报》

54.《洞头报》

中共洞头县委机关报。
创刊于 1956 年 10 月,1960
年 3 月停刊。

《洞头报》

55.《武康报》

中共武康县委机关报。
创刊于 1956 年 8 月 1 日。

《武康报》

56.《孝丰报》

中共孝丰县委机关报。创刊于 1956 年 7 月,1958 年 10 月停刊。

《孝丰报》

57.《普陀报》

中共普陀县委机关报。创刊于 1956 年 11 月,1957 年 3 月停刊。

《普陀报》

58.《丽水报》

中共丽水县委机关报。创刊于 1956 年 4 月,1958 年 9 月改名为《丽水日报》,1961 年 2 月停刊。

《丽水报》

59.《龙游报》

中共龙游县委机关报。创刊于 1956 年 5 月,1959 年 12 月停刊。

《龙游报》

60.《青田报》

中共青田县委机关报。创刊于 1956 年 6 月,1960 年 12 月停刊。

《青田报》

61.《遂昌报》

中共遂昌县委机关报。创刊于 1956 年 9 月,1961 年 11 月停刊。

《遂昌报》

62.《松阳报》

中共松阳县委机关报。创刊于 1956 年 10 月,1958 年 10 月停刊。

《松阳报》

63.《景宁报》

中共景宁县委机关报。创刊于 1956 年 8 月,1960 年 2 月停刊。

《景宁报》

64.《缙云报》

中共缙云县委机关报。创刊于 1956 年 5 月 1 日,1961 年 2 月 9 日停刊。

《缙云报》

65.《仙居报》

中共仙居县委机关报。创刊于 1956 年 4 月 17 日，1957 年 12 月 2 日停刊。1958 年 6 月 1 日复刊，1961 年 2 月 15 日又停刊。

《仙居报》

66.《三门报》

中共三门县委机关报。创刊于 1956 年 6 月。

《三门报》

67.《桐庐报》

中共桐庐县委机关报。创刊于 1956 年 6 月。1958 年春，又新办《桐庐日报》。

《桐庐报》

《桐庐日报》

二、整风反右期间的浙江各级党报

（一）从整风"鸣放"到反右运动

1956年，社会主义改造完成，中国开始进入全面建设社会主义阶段。

《浙江日报》1956年7月16日

为巩固新生的社会主义制度，1957年4月27日，中共中央发布《关于整风运动的指示》，号召"在全党进行一次普遍的、深入的反官僚主义、反宗派主义、反主观主义的运动"。整风运动开始后，中共中央多次发出指示，要求民主党派和无党派人士本着自愿的原则帮助共产党整风，鼓励他们放手批评。新闻界内部的整风运动也不断加紧。

1957年6月8日，《人民日报》发表社论《这是为什么？》，标志着反右斗争开始全面铺开。当时，浙江的省级、地级党委机关报对此做了大量报道，并刊发许多反右派的文章，这些报道和文章大多把反右派斗争扩大化了。其中，一些地级党报刊发对"包产到户"的批驳文章，引发较大争议。

李云河时任永嘉县委宣传部部长（后为县委副书

记),曾于 1956 年 5 月率县委工作组在该县燎原农业合作社进行"包产到户"试点工作。"包产到户"初见成效,广受农民欢迎。永嘉县委推广这一经验,全县有 200 个农业社实行包产到户责任制,邻县乐清、瑞安、平阳也有很多农业社陆续试行。

1956 年 11 月 19 日,《浙南大众》编发通讯《包产到户做法究竟好不好?》,对包产到户提出质疑。同日见报的评论则断言:"这种做法从集体经营退到分散经营,不是去解决集体经营中所存在的问题,而是打退堂鼓。"

李云河就此写了题为《"专管制"和"包产到户"是解决社会主要矛盾的好办法》的专题报告,报送上级党委,同时也投送《浙江日报》。报社编辑对文中某些说法恰当与否没有把握,当时未予编用。

时任浙江省委书记处书记林乎加就李云河《"专管制"和"包产到户"是解决社内主要矛盾的好办法》一文,问报社总编辑为何不登,如果没有把握,可以在报上公开讨论。

1957 年 1 月 27 日,《浙江日报》基本保留原稿面貌,加上编者按语("希望各地农村工作同志读了这篇文章后,本着'百家争鸣'的精神发表一些意见,把这个问题解决得更好些。")发表,并随即设置专栏展开讨论。但在当时的政治大气候下,怀疑和反对"包产到户"成了主流意见,到了 3 月,这场讨论已无法进行下去。

《浙江日报》1957 年 1 月 27 日

1957 年 7 月 3 日，温州地委机关报《浙南大众》发表评论，题为《打倒"包产到户"，保卫合作化》，诬指"'按劳分田、包产到户'是右派分子用来射击农业合作化的一支毒箭"。

接着，在近 2 个月时间内，该报持续发表文章、调查报告和新闻报道，对"包产到户"形成围剿态势。

这段时间，《浙南大众》否定和批判"包产到户"的文章铺天盖地，上级党报也曾与之相呼应。

1957 年 9 月 28 日，《浙江日报》2 版发表报道《"包产到户"就是走资本主义老路》。

1957 年 7 月，"包产到户"被明文禁止。

1957 年 10 月 13 日，《浙江日报》《人民日报》发表新华社报道《温州专区纠正"包产到户"的错误做法》。

《浙江日报》1957 年 9 月 28 日（2 版）

《浙江日报》1957 年 10 月 13 日

(二)新闻界内部的反右派斗争

1957 年,浙江新闻界开展反右派斗争,仅浙江日报社、浙江人民广播电台和杭州日报社,就有 43 位新闻业务骨干被错划为右派分子,伤害了广大新闻工作者的工作热情。

1957 年 8 月 12 日,《浙江日报》发表《本报内部揭露出一个右派小集团》消息,称他们"密谋创办反动刊物向党进攻"。

1957 年 9 月,《浙江日报》又刊载消息《党内右派分子高光罪行被揭露》,并刊发社论《新闻界右派分子的资产阶级路线必须彻底批判》。

《浙江日报》1957年8月12日

《浙江日报》1957年9月

（三）新闻界的"大跃进"

1958年，全国又掀起了"大跃进"运动，虽然当年有所纠正，但直到1960年冬才终止。新闻界为"大跃进"运动极力鼓吹，加重了"左"倾错误。

1958年1月12日，毛泽东指示：省委及其第一书记应加强对党报的领导；普遍建立党委通讯组，指导每一时期党报的中心宣传任务；报社各部门要加强分工协作，开展互相竞赛。

1958年5月，中共八大二次会议提出了"鼓足干劲，力争上游、多快好省地建设社会主义"的总路线，成为当时报纸和广播的宣传中心。

1958年5月29日，《浙江日报》开辟《认真学习总路线，大力宣传总路线，坚决实现总路线》专栏。

1958 年 5 月 30 日,《浙江日报》刊发报道《把总路线的红旗插遍全国》,大力宣传"大跃进"、人民公社、总路线。

《浙江日报》1958 年 5 月 30 日

《浙江日报》1958 年 5 月 29 日

1958 年 5 月 31 日,《浙江日报》又发表《把总路线变为全民行动纲领》,强力宣传"人人学习总路线"。

《浙江日报》1958 年 5 月 31 日

《浙江日报》1958年10月7日

1958年"大跃进"时期的《余姚日报》

《浙江日报》1958年10月11日

1958年"大跃进"时期的《丽水日报》

20 世纪 60 年代初,《浙江日报》推出《必要的一课》思想道德建设专栏,主人公都是各条战线的干部群众,他们以亲身经历与感受开展交流,语言亲切,感情真挚,文风朴实,引起广大读者的共鸣。该专栏共出版 200 期。

20 世纪 60 年代初,《浙江日报》
推出《必要的一课》专栏

20 世纪 60 年代初,《浙江日报》
推出《必要的一课》专栏

20 世纪 60 年代初,《浙江日报》
推出《必要的一课》专栏

第三篇 "文化大革命"期间的
浙江新闻报业

　　"文革"期间，内乱不止，百业凋零，新闻事业更是首当其冲，各级党报及其他报纸，或被迫宣告休刊，或一度无法正常出版。这一时期，在杭州及其他城市以至一些县城，当地"造反派"办过如《红色风暴》一类的"派报"。

　　浙江同全国各地一样，全省新闻界成了被冲击夺权的重点对象。浙江全省在20世纪50年代中期建立起来的各级党委机关报网络，县级党报60年代初业已消失，杭州以外地区的一级党报在"文革"中全部停刊。浙江省、地党委机关报《浙江日报》和《杭州日报》很快被"造反派"把持，以致扰乱了正常的新闻出版秩序，甚至改变了党报的政治方向。

一、"文革"的爆发与新闻机构被冲击

1.《浙江日报》遭"夺权"

1966 年 12 月 29 日凌晨,"浙江省革命造反联合总指挥部"等 20 多个"造反"组织,冲击并封闭《浙江日报》。次日,发表《我们为什么要封掉〈浙江日报〉告全省人民书》。

《浙江日报》1966 年 12 月 30 日

1966 年 12 月 30 日,《浙江日报》改出登载新华社电讯稿的《新华电讯》。

《浙江日报》1966 年 12 月 30 日

1967 年 1 月 1 日至 9 日,《浙江日报》改出登载新华社电讯稿的《新华电讯》。

《浙江日报》1967年1月2日

1967年1月10日,《浙江日报》由报社的"造反派"主持,不再全部编发新华社电讯,恢复出版刊有地方新闻和言论的报纸,为"文革"动乱推波助澜。

1969年10月1日起,《浙江日报》成为省革命委员会机关报。林彪反革命集团直接控制《浙江日报》,在浙江制造反革命舆论。

2.《杭州日报》等各地区党委机关报先后停刊

1966年《五一六通知》下达后,杭州市委即派联络组进驻杭州日报社,掌管报社工作和运动。

1967年1月1日至10日,《杭州日报》4个版均为新华社电讯。

1967年1月10日,"杭州日报革命造反总部"强行"接管"报社,劫夺了报纸的编辑出版权。

1968年9月5日,《杭州日报》自即日起休刊"闹革命",25名业务干部被送到"五七"干校接受"再教育"。

1968年11月,杭州市革命委员会又挑选有无产阶级觉悟、有生产实践经验的工人与贫下中农到报社工作。

1968年12月16日,《杭州日报》复刊,仍出4开4版。

金华、台州、宁波、温州、舟山各地区党委机关报,"文革"中均因动乱干扰和被夺权,先后停刊。《金华大众》在1968年停刊,《台州大众》《宁波大众》《浙南大众》《舟山报》于1972年停刊。

1968年5月,《浙南大众》复刊,这天的报纸被称为"红一号"。

《台州大众》被"造反派"夺权,也曾出刊《红台州报》。

《红台州报》

二、"造反"小报泛滥成灾

"文革"期间,杭州和各地区中心城市以至不少县城,趁机出版"造反"小报,此类小报以煽动"造反"为宗旨,一时间泛滥成灾。

"造反"小报蜂拥出现主要是在20世纪60年代中后期,分布较广,名目繁多,大多时出时停,随意性很强。1969年之后逐渐销声匿迹。当时浙江全省有多少份这样的小报,无法进行较为准确的统计,包括自行分发和邮发的在内,不下百种。宁波有《浙东风暴》,温州有《浙南风暴》,湖州有《江湖怒潮》,金华有《婺江怒涛》,等等。

《浙东风暴》

在杭州出版并产生一定影响的，主要有《红色风暴》《浙江红卫兵》《浙江工人》。

1.《红色风暴》

《红色风暴》创刊于1967年元旦，由浙江省革命造反联合总指挥部主办。创刊后1年多时间内，对开4版或2版，每周出版2期或3期，有时7天或10天出版1期。自1968年4月第109期起，改出4开4版，仍不定期出刊。报纸通过邮局发行，平均每期发行量开始约4万份，之后增加到10万份。《红色风暴》是当时浙江省内较有影响的一份"造反"小报，竭力鼓吹"全面展开阶段斗争"，煽动揪斗所谓"走资本主义道路的当权派"，蓄意制造社会混乱。1969年8月25日出版终刊号，办报历时2年8个月，共出235期。

2.《浙江红卫兵》

《浙江红卫兵》于1968年5月4日创刊，由当时的"浙江省红代会"主办。主要面向全省大中专院校，4开4版，每周1期或2期，第16期到27期改名《红卫兵》。

3.《浙江工人》

《浙江工人》是由"浙江省工代会"主办的"造反报"，1968年7月1日创刊。4开4版，逢周二、周五出版。"文革"期间，浙江省革命委员会成立后出版的《浙江工人》以全省工交财贸战线职工为主要读者对象，以鼓动阶级斗争和宣传"工宣队"活动为主要内容。此报终刊时间不详。据现存资料,最后一期为 1969 年 4 月 29 日的第 87 期,即《红色风暴》《浙江工人》《浙江红卫兵》联合版。

《浙江工人》

三、"文革"期间的重大新闻报道

1. 我国第一颗氢弹爆炸成功

继 1964 年 10 月 16 日 15 时我国爆炸了第一颗原子弹,成功地进行了第一次核试验后,1967 年 6 月 17 日,我国第一颗氢弹在西部地区上空爆炸成功。这次氢弹试验的成功,是我国核武器发展的又一个飞跃,标志着我国核武器的发展进入一个崭新的阶段。6 月 18 日,《浙江日报》对此进行了大幅报道,突出各地欢庆的场面。

1967 年 6 月 18 日,《浙江日报》报道我国第一颗氢弹爆炸成功

1967 年 6 月 18 日,《浙江日报》
报道我国第一颗氢弹爆炸成功

1967 年 6 月 18 日,《浙江日报》
报道我国第一颗氢弹爆炸成功

2. 我国成功地进行了一次新的氢弹试验

1968 年 12 月 27 日,我国西部地区上空又爆炸了一颗氢弹,成功地进行了一次新的热核试验。12 月 28 日,《浙江日报》用 2 个版进行了报道。

1968 年 12 月 28 日,《浙江日报》
报道我国氢弹试验成功

1968 年 12 月 28 日,《浙江日报》
报道我国氢弹试验成功

《浙江日报》沉痛报道毛主席逝世

3. 伟大领袖和导师
毛泽东同志逝世

毛泽东同志于 1976 年 9 月 9 日零时十分在北京逝世。《浙江日报》自 9 月 10 日至 20 日,连续十几天沉痛报道全国各族人民悼念毛主席的场景。

《浙江日报》沉痛报道毛主席逝世

第四篇　改革开放到 21 世纪初的浙江新闻报业

经历了 1976 年粉碎"四人帮"、1978 年"关于真理标准问题的大讨论"和 1978 年 11 月 18 日至 22 日召开的党的十一届三中全会，浙江报业解放思想、实事求是，理顺了新闻机构的体制。

1978 年 5 月 11 日，署名为"本报特约评论员"的文章《实践是检验真理的唯一标准》在《光明日报》头版发表，全国范围内开始了轰轰烈烈的真理标准大讨论，思想解放的号角就此吹响，《浙江日报》不断取得可喜成绩。特别是自党的十一届三中全会以来，《浙江日报》在邓小平理论和党的基本路线指导下，坚持党性原则，坚持实事求是，坚持团结、稳定、鼓劲，正面宣传为主，牢牢把握正确舆论导向，大力宣传改革开放和社会主义现代化建设，讴歌全省人民开拓进取、奋发有为的精神面貌。

20 世纪八九十年代，浙江报业渐趋繁荣，跻身全国"新闻大省"之列。报纸总数是省内有史以来最多的,发行量更远远超过以往最高纪录,而且种类较为齐全,报业的结构与布局也较合理,从而形成全省以各级党报为主导的多门类、多品种、多层次的报业体系。1990年年初至1995年年底,浙江省公开发行的报纸由50种增加到86种。1999年,经过第二次报业结构调整,浙江省有报纸78种。县级党委机关报继续发展,至2000年12月,全省具有全国统一刊号的各级各类报纸总数为94种,内含党报41种,综合性报纸9种,专业性报纸36种,晚报下午版8种。如果加上浙江省获准出版的各种内刊(报型内部资料,包括县报、晚报、企业报等,以及高等院校报纸),据不完全统计,总共在250种以上。

一、各市县党报和各专业报纸纷纷复刊或创刊

改革开放到 20 世纪初，浙江省公开发行的综合性报纸有省、市（地）、县三级党报；工人、青年、侨胞等特定对象报；早报、晚报、快报等都市类报；涵盖经济、文教、法制、科技以及工业、农业、商业、邮电、体育、旅游、美术、广播电视、公共关系和家庭生活等众多领域的专业性报纸。除此以外，还在境外报刊上开辟报道今日浙江的 5 个专版。

（一）地区党委机关报复刊

20 世纪 70 年代末，全省各级党报仅有《浙江日报》和《杭州日报》。在中华人民共和国成立以来第二次办报高潮中，"文革"期间停刊的宁波、温州、金华、台州和舟山地区党委机关报纷纷复刊，

其中《舟山日报》于 1979 年 10 月 1 日复刊，其他则均于 1980 年和 1984 年重新出版。

《舟山日报》1979 年 10 月 1 日复刊

《舟山日报》1979 年 10 月 1 日复刊

1.《绍兴日报》

1984 年 2 月 21 日,《绍兴日报》创刊,著名书法家舒同题写报头。

《绍兴日报》

《绍兴日报》

2.《丽水日报》

1984 年 5 月 1 日,《丽水日报》创刊,当时称《丽水报》,1988 年 7 月 1 日更名为《丽水日报》。

《丽水报》

《丽水日报》

3.《湖州日报》

湖州、嘉兴曾经合并成一个地区,当时出版有《杭嘉湖报》。湖州于 1983 年升为省辖市,原县级《湖州报》升格为地级市报。1983 年 11 月 24 日,《湖州报》升格为湖州市委机关报,1985 年 5 月改出《湖州日报》。

《湖州日报》

4.《嘉兴日报》

嘉兴地区撤地建市后,于 1985 年 2 月 1 日创办市委机关报《嘉兴报》,4 开 4 版周二刊,后改周四刊。1989 年 1 月 1 日更名为《嘉兴日报》。

《湖州报》

《嘉兴报》

《嘉兴日报》

《嘉兴报》

5.《衢州日报》

《衢州大众》早在 1954 年因行政区划撤并而停办，衢州改建地区级市后，市委机关报《衢州报》于 1986 年 1 月 1 日创刊，1991 年 1 月 1 日改出《衢州日报》。

《衢州报》

《衢州日报》

6.《温州日报》

1980年7月,停刊将近8年的《浙南大众》仍改名《浙南日报》正式复刊,日出4开4版。1981年11月,中共温州地委、市委两机构合并,实行市管县体制,《浙南日报》成为中共温州市委机关报。1984年7月,原《浙南日报》改名为《温州日报》。

《温州日报》

至此,全省 11 个地区的党委都办有机关报。

在 80 年代复刊或创刊的地区党报中,《金华报》《衢州报》《台州报》《嘉兴报》《湖州报》和《丽水报》,起初都是周二刊,后改为周六刊,至 80 年代末 90 年代初,又改出日报,并仍以地区称谓更改报名。

（二）县级党报复刊

20 世纪 50 年代中期,浙江几乎每个县都办了党报。60 年代,因县财政基础薄弱,纸张供应又很紧张,全省县报全部停刊。1980 年,中共中央宣传部召开了全国县市报工作座谈会,并部署有条件的县市恢复或创办党委机关报。

1980 年 6 月和 8 月,《吴兴报》《江山报》《诸暨报》在停刊近 20 年后复刊,成为浙江率先恢复出刊的 3 家县级党报。《吴兴报》创刊于 1955 年 7 月 16 日,1980 年 6 月 3 日复刊。1981 年 4 月 3 日,《吴兴报》更名为《湖州报》。

1983 年 12 月 3 日,中共湖州市委发出通知,《湖州报》转为省辖湖州市委机关报。1985 年 5 月 1 日,《湖州报》更名为《湖州日报》。《诸暨报》创刊于 1955 年 7 月 1 日,1980 年 10 月复刊。

《江山报》

《萧山报》创刊于 1954 年 12 月 11 日,1958 年 6 月更名为《萧山日报》,1961 年 2 月 2 日停刊,1991 年 9 月 29 日复刊,由中共萧山市委主办。

《萧山报》

《永康报》创刊于 1956 年 5 月 1 日,1984 年复刊。

《淳安报》创刊于 1956 年 5 月 1 日,1961 年 2 月停刊,1988 年 5 月复刊。

《兰溪报》创刊于 1956 年 5 月 1 日,1960 年 9 月停刊,1989 年 5 月复刊。

《余姚报》创刊于 1956 年 5 月 1 日,1958 年 7 月更名为《余姚日报》,1961 年 2 月停刊,1989 年 7 月复刊。

《慈溪报》创刊于 1955 年 1 月 1 日,1958 年 9 月更名为《慈溪日报》,1961 年 2 月 2 日停刊,1991 年 6 月 22 日正式复刊,题名《慈溪报》,1994 年 12 月重新更名为《慈溪日报》。

杭州地区 7 个县(市)的党委,至 1994 年都已办报,宁波、绍兴、嘉兴、湖州、金华、台州、衢州、丽水地区随后也"县县有党报"。截至 2000 年,经过县级建制的变更,浙江省内县级党委机关报共计 56 家(含省内发行刊号的县报)。到 2000 年尚无县报的,仅剩舟山几个县和温州洞头县。

(三)报业出现扩版增版热潮,发行量大幅提升

20 世纪八九十年代,国内经济条件逐步改善,出报手段走向现代化,为丰富报纸内容,适应读者需求,全省报界出现了扩版增版热潮。如《钱江晚报》初创时是 4 开 4 版,后逐步扩为 32 版、48 版。这一时期,各类报纸平均期发量大幅提升,相当一部分报纸甚至成倍增长。据统计,90 年代末,浙江省各类报纸总期发量约为 945 万份。

1.《浙江日报》扩大报业规模,开辟境外专版

《浙江日报》适应新的形势,一方面加大经济建设和改革开放的宣传力度,另一方面在报社内部挖掘潜力,有计划地扩大报业规模。为提高出报效率和印刷质量,实现办报手段现代化,采编工作全流程电脑操作,印刷条件达到国内一流水平,浙江日报社于 1987 年从国外引进 4 组彩色胶印轮转机,报纸全用激光照排和胶印。1997 年后,又有两大基建项目投入使用:新建的新闻大楼,具备较高智能化水平,其核心设施为计算机综合系统;先进的印务中心,达到每小时 14 万份、每份 16 版的印报能力。

1980—2000 年,浙江日报社先后创办《经济生活报》《钱江晚报》《公共关系报》《美术报》《之江晨报》《家庭教育导报》和期刊《新闻实践》,并在 1982 年复刊《共产党员》杂志。

《经济生活报》

《钱江晚报》

《美术报》

《公共关系报》

《之江晨报》

《家庭教育导报》

《浙江日报》

副刊《周末文荟》

《浙江日报》

副刊《钱塘周末》

1993 年,《浙江日报》从对开 4 版扩为 8 版,结束了 43 年出 4 版的历史,以后出到 12 版。

1994 年元旦,《浙江日报》推出副刊《周末文荟》,逢周六增出,对开 2 张,后更名为《钱塘周末》。

在深入改革、扩大开放的大背景下,为使广大华侨、外籍人士和香港同胞更全面地了解改革发展中的浙江,浙江日报社在法国、美国、加拿大及我国香港地区的报纸上,先后开辟境外专版。这些专版富有鲜明的浙江特色,受到读者的欢迎和喜爱。

《欧洲时报》设《今日浙江》专版。这是浙江报纸在外国开设的第一个专版。1995年10月,《浙江日报》副总编辑兼所属《钱江晚报》总编辑孟玉兔与法国《欧洲时报》总编辑梁源法签署了友好合作协议,决定自1996年1月起,《欧洲时报》设《今日浙江》专版,每期一整版,套红刊出,稿件和图片由钱江晚报社提供,1998年9月移交浙江日报社组版。《今日浙江》专版内容,从开始以经济为主,扩展到政治文明、文化教育、旅游休闲、商贸市场、城建房产、环境保护、风物人情以及侨胞之乡等各方面,并相应设置一批专栏,如反映新成就、新气象的《喜说浙江》等。

《欧洲时报·今日浙江》
2018年6月14日

《侨报》设《今日浙江》专版。1996年11月,《浙江日报》总编辑童炽昌与美国《侨报》总裁谢一宁签署协议,决定自1997年1月起,在《侨报》上刊出《今日浙江》专版,以方便在美华侨和旅美华人了解浙江、了解中国。每月出对开一整版,《浙江日报》负责文字、图片广告、传送等方面工作,《侨报》负责完善版面,并在纽约、洛杉矶、旧金山三地同时印刷与发行。

《侨报·今日浙江》
2018 年 9 月 4 日

　　另外,浙江日报社与日本静冈新闻社建立了定期稿件交流制度。2010 年 10 月 14 日,日本静冈新闻社代表团一行 5 人,在静冈新闻社社长松井纯先生的率领下,参观访问了浙江日报社和浙江在线新闻中心。

　　《今日中国》设《浙江新闻》专版。加拿大《今日中国》上的《浙江新闻》专版于1999 年 6 月起刊出,每期一个版,彩印。2000 年 6 月下旬,《浙江新闻》由月刊改出双周刊,并扩为 2 个整版加 2 个半版。整版登载综合新闻,含《钱江明珠》《农村新事》等栏目;半版刊登《旅游》《美食》《养生》专栏。

　　在香港《文汇报》上,浙江日报社也辟有《今日浙江》专版。

　　目前,《浙江日报》已与台湾联合报系媒体集团、台湾《浙江月刊》、《人民日报》(海外版),以及美国《侨报》、法国《欧洲时报》、澳大利亚《华夏传媒》、波兰《环球周报》、加拿大《先枫报》、日本静冈新闻社、美国侨网、法国欧洲时报网、加拿大先枫报网的脸书(Facebook)和推特(Twitter)客户端等媒体建立了联合办专版、专题、专刊及新闻交流机制。

2.《温州日报》开辟境外版

《温州日报》与美国《侨报》合作，从 1998 年 5 月起在《侨报》开辟《今日温州》专版，《侨报》美东版、美西版同时刊出，均为 4 开版面。作为温州对外宣传的一个窗口，《今日温州》主要刊登温州重要新闻，向在美温州乡亲介绍家乡在改革开放中的新面貌。

3.《杭州日报》扩充版面

1985 年，《杭州日报》率先恢复出刊对开 4 版，1993 年起几度扩充版面，2000 年增至 12 版，其中新闻版从原来的 7 个版扩为 10 个版，加大了国内外新闻、杭州新闻和经济新闻容量。随后，地市级党报陆续改出对开大报或 4 开 8 版。

《杭州日报》

4.《宁波日报》扩充版面

80 年代中期，宁波成为全国重要的对外贸易口岸之一，并经国务院批准为计划单列市。《宁波报》报道任务相应加重，1983 年更名为《宁波日报》，从 4 开 4 版扩为 8 版至 12 版。

《宁波报》

《宁波日报》

5.《嘉兴日报》联办县（市）版

1999 年元旦,《嘉兴日报》开始联办县（市）版,即嘉善版、平湖版、桐乡版。

《嘉兴日报》（嘉善版）

《嘉兴日报》(平湖版)

《嘉兴日报》(桐乡版)

其他地区党报也根据自身条件,逐步由4开4版改成对开4版或8版。各报的版面增多,主要是扩大新闻版,同时以经济及法制、社会、科技、文体、旅游等为题材,增出专刊或出版周末版以及各种副刊。

二、专业报复刊或创刊

中华人民共和国成立后至20世纪60年代前期,浙江的专业性报纸总共只出现过4家。其中,《浙江交通报》《浙江邮电报》《广播周报》均在"文革"期间或早些时候停刊,仅存《浙江科技报》。70年代末期,专业性报纸"一枝独秀"的状况开始改变。尤其是在改革开放后的八九十年代,为数众多的各种专业报竞相创刊,成为浙江报界的一支重要力量。截至2000年,全省新创办的专业报刊有35家。另据不完全统计,各地还有专业性内刊六七十家。这些专业报刊既涉及经济、科技、商业和广播电视领域，又涵盖工业、文教、体育、医药、旅游等领域。

1979 年复刊的《广播电视周报》

（一）广播电视报兴起

1.《浙江广播电视报》

1979 年最先复刊，当时改为《广播电视周报》（原《广播周报》，创刊于 1955 年 2 月，1968 年 4 月因"文革"而停刊）。1988 年更名为《浙江广播电视报》，并陆续扩充版面，发行 40 万份，1992 年的发行量曾超过 160 万份。2000 年出刊为彩印 4 开 20 版。2004 年 10 月，《浙江广播电视报》改名为《浙江城市广播电视报》。

《浙江广播电视报》

《浙江城市广播电视报》

2.《杭州广播电视报》

创刊于 1986 年,由杭州广播影视周报社编辑出版,是杭州广播电视集团旗下的一份影视娱乐周报。

《杭州广播电视报》

《杭州广播电视报》
读者生活馆·富阳馆

3.《浙江城市广播电视报·嘉兴广播电视》

原系内刊,创刊于 1986 年 6 月 1 日,每周 1 期。1992 年 10 月转为国内公开发行。初为 8 开 2 版,后改 4 开 4 版,1995 年起扩为 4 开 8 版。创刊初期每期发行量为 1.3 万份,1989 年开始增加到 9 万份。

《浙江城市广播电视报·
嘉兴广播电视》

4.《浙江城市广播电视报·舟山广播电视》

原为《舟山广播电视》，1989年2月4日创刊，1998年更名为《浙江城市广播电视报·舟山广播电视》。

《舟山广播电视》

5.《浙江城市广播电视报·宁波广播电视》

《宁波广播电视》1988年9月13日创刊。1998年更名为《浙江城市广播电视报·宁波广播电视》。

《宁波广播电视》

6.《温州广播电视报·新壹周》

《温州广播电视报·新壹周》是都市生活报，1988年创刊。

《温州广播电视报·新壹周》

7.《浙江城市广播电视报·温州广播电视》

原为1953年12月创办的《温州广播》（内刊），"文革"初期停刊。1985年9月

24 日复刊,改版充实有关电视节目内容,遂更名为《温州广播电视报》,1992 年 7 月改内刊为公开发行。1998 年更名为《浙江城市广播电视报·温州广播电视》。复刊后原由温州市广播电视局主办,2000 年改由温州人民广播电台和温州电视台主办。

《温州广播电视报》

8.《浙江城市广播电视报·湖州广播电视》

原名《湖州广播电视报》,创刊于 1993 年 6 月 3 日,每周一期。1998 年 10 月改名为《浙江城市广播电视报·湖州广播电视》,并由 4 开 4 版扩为 4 开 16 版。同时,主管单位由湖州市广播电视局变更为浙江省新闻出版局。2000 年下半年开始,报纸由黑白版改为彩色版。

《浙江城市广播电视报·湖州广播电视》

9.《浙江城市广播电视报·丽水广播电视》

原名《丽水广播电视报》,创刊于 1989 年 11 月,1998 年改名《浙江城市广播电视报·丽水广播电视》,丽水电视台主办。1993 年 3 月,由内刊转为公开发行。1994 年,由 4 开 4 版改出 4 开 8 版。1999 年,扩为 4 开 12 版,并由单一预告丽水电视台节目扩展为预告全国 30 多套电视台节目。

《丽水广播电视·新壹周》

10.《台州广播电视报》

创刊于 1993 年 7 月,台州电视台、台州人民广播电台主办,每周一期。1998 年 10 月由内刊转为公开发行,并更名为《浙江城市广播电视报·台州广播电视》。

《浙江城市广播电视报·台州广播电视》

11.《浙江城市广播电视报·金华广播电视》

原名《金华广播电视报》,于 1993 年 8 月创刊,每周一期。1998 年改名《浙江城市广播电视报·金华广播电视》,并由内刊转为公开发行。创刊当年 4 开 4 版。次年每逢月末出 8 版,1999 年 9 月起扩为 4 开 12 版,不定期彩色印刷。

《金华广播电视报》

12.《浙江城市广播电视报·绍兴广播电视》

原为《绍兴广播电视报》,1992 年 12 月 25 日创刊,1998 年改名《浙江城市广播电视报·绍兴广播电视》。

《绍兴广播电视报》

《浙江城市广播电视报·金华广播电视》

《绍兴广播电视报》

《绍兴广播电视报》

《绍兴广播电视报》

13.《浙江城市广播电视报·衢州广播电视》

原名《衢州广播电视报》，创办于 1992 年 8 月，1998 年由内刊转为公开发行，并更名为《浙江城市广播电视报·衢州广播电视》。

《浙江城市广播电视报·衢州广播电视》

(二)各类专业报复刊

1.《浙江交通报》

《浙江交通报》1982 年复刊，后改名为《交通时报》，主要报道浙江交通事业的改革、发展和先进典型，传递国内外交通信息。

《浙江交通报》

《交通时报》

2.《浙江邮电报》

《浙江邮电报》1985 年复刊,改旬刊为周刊,又由 4 开 4 版扩为对开 4 版、8 版,以期更好地引导和推进全省邮电通信事业。

《浙江邮电报》

3.《浙江科技报》

《浙江科技报》原为 4 开 4 版周五刊,是一份农业科技小报,曾名《农村科技报》,1994 年改出对开报纸后,其宗旨调整为"面向农村、兼顾城镇、突出科技、服务经济"。

《浙江科技报》

《浙江科技报》

该报创刊于 1980 年 1 月 1 日，浙江日报社主办，是浙江省也是全国第一份省级经济类报纸，并较早采用套色胶印。初为 4 开 4 版周刊，周二刊，周末加出专刊《您好》，后改对开 4 版周六刊。创办宗旨是"传播信息、沟通渠道、活跃经济、服务生活"。主要围绕经济生活组织宣传报道，设有各种专栏。其中《供与求》专栏影响较大，成了生产者、经营者、消费者之间联系的桥梁。

4.《经济生活报》

在浙江省专业性报刊中，《经济生活报》创办最早。

《经济生活报》

5.《浙江经济报》

1992 年 7 月 1 日创刊，是浙江省人民政府主管、新华社浙江分社主办的省级综合性经济类报纸。陈云题写报头。

《浙江经济报》

6.《现代金报》

《现代金报》于 2003 年 10 月 22 日正式创刊，前身是《浙江经济报》，组织上隶属于新华社直属的《现代快报》。办报宗旨：立足宁波，宣传浙江，辐射环杭州湾城市群，力求成为长三角地区综合类新主流媒体。

《现代金报》

7.《浙江商报》

原为浙江省商业系统内刊，于 1990 年 7 月创办，1992 年 1 月 1 日起公开出版发行。创办前几年由浙江省商业厅主管、主办，1996 年 6 月，改由浙江省商业管理办公室主管、浙江省商业集团公司主办。《浙江商报》定位于商界、经济界，着重围绕商业改革和发展组织宣传报道。2000 年年底停刊。

《浙江商报》

《浙江工商导报》
（试刊号）1991 年 12 月

8.《浙江市场导报》

原名《浙江工商导报》，创刊于 1992 年 7 月。内容突出市场导向，宣传个体及私营经济的发展，促进市场繁荣兴旺。2000 年出对开 4 版，逢周五刊出，每周共有 16 个专版滚动刊出，包括《市场纵横》《执法前哨》《品牌经营》《消费热点》等。

《浙江市场导报》

《浙江市场导报》

《浙江法制报》

9.《浙江法制报》

《浙江法制报》创刊于 1984 年 5 月，为浙江省唯一公开发行的法制类报纸，时任省委书记王芳为报纸题写报名。《浙江法制报》以"宣传法制、弘扬正气、鞭挞邪恶"为办报宗旨，为发展和健全社会主义民主与法制服务，为改革开放和经济建设服务。

10.《江南游报》

《江南游报》创刊于 1986 年 10 月，以旅游从业者和来自各地的游客为读者对象。主要报道旅游业的改革、发展，介绍祖国大好河山，并有旅游信息、线路推荐、保健、投诉服务等方面的专栏，力求围绕"吃、住、行、游、购、娱"旅游六大要素，全方位满足读者需要。另设《警示牌》栏目，揭露某些导游、汽车司机索取"回扣"等现象。发行量最多时达 30 万份。

《江南游报》

11.《公共关系报》

《公共关系报》创刊于1991年7月，主要报道各地公关活动，提供国际公关界信息。

《公共关系报》

12.《美术报》

《美术报》创刊于1993年10月，初出美术界要闻、生活美术、美术教育、作品与评论4个版，扩充为8版、16版后，增加名家名作、收藏、艺术市场等内容。

13.《食品导报》《轻纺城报》《小商品世界报》

1985—1994年，《食品导报》（温州）、《轻纺城报》（绍兴）、《小商品世界报》（义乌）先后创办。

《食品导报》后改办成《温州商报》，其内容讲求"商味"，以期打响"温州"品牌。

《小商品世界报》1994年1月1日正式创刊，对开4版，加出周刊。1995年改为周二刊，1997年改为周三刊。该报原由义乌市人民政府主管、义乌小商品城信息中心主办，2000年8月改由义乌日报社主管主办。《小商品世界报》坚持"立足市场、服务千家万户"的办报宗旨，是国内唯一以反映小商品生产、销售、流通、消费等方面信息为主的经济信息类报纸。

《温州商报》

《小商品世界报》

14.《科技交流》《嘉兴科技》

《科技交流》（温州）、《嘉兴科技》分别于 1978 年和 1979 年创刊，初为内刊，公开发行后改出《温州科技报》《嘉兴科技报》。

《轻纺城报》

《嘉兴科技报》

(三)综合性报纸陆续创办

20 世纪八九十年代,浙江报界充满生机和活力,在各级党报复兴和发展的同时,面向特定对象的各种综合性报纸陆续创办。

1.《农村信息报》

《农村信息报》创刊于 1985 年 1 月。1995 年、1997 年两次被评为浙江省优秀报纸,2000 年获评中华全国农民报协会先进单位。

《农村信息报》

2.《浙江工人报》

《浙江工人报》1983 年元旦复刊后,一度改称《劳动时报》,1994 年改周三刊为日刊,并更名为《浙江工人日报》。每期发行量约 10 万份,曾发行至 16 万份。该报旨在服务职工群众、维护职工合法权益。

《浙江工人报》1983 年元旦复刊号

《浙江工人日报》
1993 年 10 月 9 日试刊号

3.《浙江青年报》

《浙江青年报》于 1991 年 1 月复刊,坚持"教育、引导青年,服务青年"的一贯宗旨,以宣传培养有理想、有道德、有文化、有纪律的"四有"新人为根本任务。1999 年 10 月起改出对开 8 版,每期发行量 8 万份。

20 世纪 50 年代创刊的
《浙江青年报》

1991 年 1 月复刊的《浙江青年报》

（四）侨务交流报应运而生

浙江籍华侨遍及世界各地,海外侨民多达几十万,他们迫切希望了解家乡在新时期的变化。基于这一背景,加之对外开放政策的推动,侨务交流日益频繁,省内一批主要以海外侨胞和归侨为对象的报纸应运而生。

1.《浙江侨声报》

《浙江侨声报》1985 年 6 月创刊,浙江省人民政府侨务办公室主管主办。4 开 4 版,周刊。面向海外侨胞并兼顾国内归侨、侨眷发行。该报"对外宣传浙江,对内宣传侨务",介绍浙江各地改革和发展现状,讲解侨务政策、法规,反映侨界心声,指导侨务工作。

《浙江侨声报》

《浙江侨声报》

2.《温州侨乡报》

《温州侨乡报》1985年4月22日创刊,经过29期试刊后,经批准于1987年元旦向国内外公开发行,每期发行量1万份。2001年7月1日改为《温州都市报》。

大政方针,报道宁波在现代化建设中日新月异的城乡面貌,还设有《新闻集锦》《宁波随笔》《明州风景线》《故土风情》和《宁波人在海外》等专栏。1999年,《宁波侨乡报》试办《服务导刊》。

《宁波侨乡报·服务导刊》

《温州侨乡报》

3.《宁波侨乡报》

1990年7月创办的《宁波侨乡报》以邓小平关于"把全世界的'宁波帮'都动员起来,建设宁波"的讲话为指导思想,着力宣传党和政府的

《宁波侨乡报·服务导刊》

4.《舟山乡音报》

《舟山乡音报》1994 年 9 月 21 日正式创刊,由舟山市海外联谊会与舟山日报社主办。创办时为月刊,后改半月刊。《舟山乡音报》全方位宣传改革开放和发展中的舟山,传达乡音侨情,展示家乡海洋文化,以促进交往与合作。1997 年停刊。

《舟山乡音报》

5.《联谊报》

《联谊报》创刊于 1987 年 8 月,由浙江省政协主办,陈云题写报头。《联谊报》作为浙江省各民主党派的讲坛和联络海外同胞感情的纽带,创刊后根据人民政协“政治协商,民主监督,参政议政”的职能,积极探索舆论监督与政协民主相结合的办报路子。

《联谊报》

此类报纸还有《青田侨乡报》等。《青田侨乡报》原为《青田报》,1993 年复刊,为周五刊。

此外,这一时期还创办了《众安周报》《当代家庭报》《家庭教育导报》《小学生世界》《中学语文报》《体坛报》《生活与健康》《少年儿童故事报》等,都各有专业特点和特定对象。其中多家专业报刊,平均每期发行量5万~10万份,有的高达二三十万甚至百万份。如《浙江乡镇企业报》1995年5月出版发行,面向浙江省乡镇企业和各类专业市场宣传政策、传递信息、交流经验。《当代家庭报》创办于1994年3月,1998年8月开始公开发行。

(六)城市类生活报创办引人注目

随着我国社会主义市场经济地位在探索中确立,新闻传媒的属性、功能、定位、社会角色逐步走向清晰,报业加快市场化步伐,走上大众化、社会化的崭新发展道路,呈现出新气象。1987—2001年,浙江又有一批新创办的报纸出现,其中都市类报纸如《钱江晚报》《都市快报》《今日早报》等的创办尤为引人注目。

1.《钱江晚报》

《钱江晚报》是中华人民共和国成立后浙江创办的首家晚报,1987年1月1日创刊,浙江日报社主办。初创时日出4开4版,几经扩充,2000年出32版。主要有都市生活、时政、经济、科教、文娱和体育类6大板块,在编排上则采取一些"非常规"动作,突破呆板的、缺乏视觉冲击力的固有版式,形成"《钱江晚报》现象"。《中国新闻出版报》曾用2个整版分析"《钱江晚报》现象",并发表评论员文章予以高度评价。

《钱江晚报》

2.《温州晚报》

《温州晚报》创刊于 1993 年 2 月。《温州晚报》扬晚报之优势，补日报之不足，以刊发当日和昨日新闻为主，内容贴近生活、贴近家庭、贴近市民。

《温州晚报》

3.《绍兴晚报》

《绍兴晚报》创刊于 1994 年 8 月，内容除刊登时事新闻外，还透视社会热点，弘扬名城文化。重点专栏有《今晚视窗》《会稽夜话》等。"有事找晚报"渐成绍兴市民的口头禅，仅在 1998 年，《绍兴晚报》就收到读者来信近 2000 封。

《绍兴晚报》1993 年
5 月 29 日试刊第 1 期

4.《宁波晚报》

《宁波晚报》1995 年元旦创刊，1999 年从 4 开 4 版扩为 16 版，组成《生活服务》《读者参与》《休闲娱乐》三大专版系列，并有新闻、财经等 5 个周刊和《三江月》文艺副刊。报纸平均期发量初为 3 万份，后上升到 19 万份。

《宁波晚报》

5.《舟山晚报》

《舟山晚报》1996 年 1 月 1 日创刊。出版后力求"捕捉独家新闻,丰富文化生活,关注时政家政",并在当年开通"民情专线"。

《舟山晚报》

6.《金华晚报》

《金华晚报》1993 年 10 月 1 日创刊,原名《婺州生活报》。1994 年 9 月 1 日,经浙江省新闻出版局批准,更名为《金华晚报》。由金华日报社统一自发。

《金华晚报》

7.《南湖晚报》

《南湖晚报》创办于 1995 年 10 月,由嘉兴日报社主管主办,是嘉兴地区最具传播影响力的新闻媒体,发行量居嘉兴纸质媒体首位。

《南湖晚报》

《湖州日报·晚刊》

8.《湖州晚报》

《湖州日报·晚刊》于 1996 年 4 月试刊。1999 年 4 月,晚刊更名为晚报(试行); 同年 10 月,又从每周 3 期增至每周 5 期。《湖州晚报》由湖州日报报业集团主办,是湖州市唯一的地市级晚报。

9.《衢州晚报》

《衢州晚报》创刊于 1998 年 10 月。

《衢州晚报》

10.《台州晚报》

《台州晚报》创刊于 1998 年,是台州日报社主管的都市生活报。

《湖州晚报》

《台州晚报》

11.《处州晚报》

《处州晚报》前身为《处州经济社会报》,1993 年 10 月 19 日试刊,共出报 3 期,每期 8 版。1994 年元旦正式创刊,1996 年 1 月 1 日正式更名为《处州晚报》。

《处州晚报》创刊号

12.《杭州日报》(下午版)

《杭州日报》(下午版)创刊于 1993 年 11 月 1 日,是浙江省首份下午版报纸。从出刊时段看,区别于日报、晚报,而就其内容侧重点分析,则与晚报类似,新闻仍占绝大部分版面,辟有《今日最新消息》专栏。

《杭州日报》(下午版)内容与《杭州日报》互为补充,除了时政新闻,更多的是文教、体育新闻和社会新闻。其优势在于,利用出版时间差,加快新闻的发布节奏,所设"大众热线"为报纸扩大了新闻来源,不少突发事件在发生的第一时间,就有读者拨打电话爆料。有些前一晚或当天早晨发生的事,根据读者提供的线索,记者上午采访写稿,当天下午发表。

《杭州日报》(下午版)

《之江晨报》

13.《之江晨报》

《之江晨报》创刊于 1999 年 1 月 1 日,浙江日报社主管主办。每日出版,4 开 8 版,平均每期发行量 10 万份。《之江晨报》以城市居民为主要读者对象,力求进家庭、进百姓、进生活。1999 年年底终刊。次年 1 月 1 日起,《之江晨报》与《浙江公安报》合并,改出《平安时报》。

14.《都市快报》

《都市快报》创刊于 1999 年 1 月 1 日,杭州日报社主办。日出 16 版,采用 4 开加长版型,这在当时属国内首创。创刊当日发行量为 5 万份。开设的服务性新闻栏目包括"5100000"新闻热线和《民声快递》《赵缨为您讨说法》等,较受读者好评。

《都市快报》

15.《今日早报》

2000 年 10 月 8 日,《今日早报》在原《经济生活报》基础上创刊,是浙江日报报业集团下属的一份都市类新闻日报。《今日早报》贴近读者、贴近百姓生活,力求最近距离地倾听读者的声音。

《今日早报》

16.《家庭教育导报》

2000 年 1 月 1 日创刊,浙江日报报业集团主办。套红周报,每周五出版,每期大 4 开 16 版。2000 年,平均每期发行量为 6.5 万份。

《家庭教育导报》

17.《平安时报》

2000 年 1 月 1 日创刊,浙江日报报业集团主管主办,浙江省公安厅协办。对开 4 版,每周 3 期,逢周二、三、五出报。《平安时报》是一份以百姓平安为主视线的省级报纸。办报宗旨是:传递平安信息,营造平安氛围;将平安带进千家万户,为千家万户维护平安。

《平安时报》

《温州都市报》

18.《温州都市报》

2001 年 7 月,《温州侨乡报》和《温州时报》合并组建《温州都市报》。

《温州都市报》

19.《浙中新报》

《浙中新报》前身为《信息参考报》,2000 年划归金华日报社主管主办。2004 年 7 月 28 日,更名为《浙中新报》。2006 年 9 月 30 日,采编经营中心搬迁至义乌。

《浙中新报》

20.《台州商报》

《台州商报》创刊于2001年,是由台州日报社主管主办的经济生活报。面向台州全市发行,平均每期发行量为6万份。办报宗旨:服务经济,贴近生活,关注市民物质与精神生活。

《台州商报》

21.《东南商报》

《东南商报》创刊于2001年1月1日,宁波日报报业集团主管主办,是综合类市民生活报。

《东南商报》

三、重大新闻报道

(一)大力宣传改革开放和社会主义现代化建设

党的十一届三中全会以来,《浙江日报》在邓小平理论和党的基本路线指导下,坚持党性原则,坚持实事求是,坚持团结、稳定、鼓劲,正面宣传为主,牢牢把握正确舆论导向,大力宣传改革开放和社会主义现代化建设,讴歌全省人民开拓进取、奋发有为的精神面貌。

新闻宣传呈现出可喜的变化。1978 年年底至 1989 年年底,确定了新闻媒体的主要功能是传播新闻,强化了新闻报道的真实性、准确性、及时性,真正发挥了新闻传播信息、指导经济、服务社会、舆论监督等功能,加强了新闻事业的党性、纪律性和组织性,建立了以中共党报为核心的多层次报业结构,使新闻事业沿着社会主义方向前进。

改革开放以来,浙江大地涌起的创业创新大潮引人入胜。《浙江日报》长期坚持以农村、农业、农民为宣传重点,改革开放以来,更拓展了"三农"报道的深度和广度。

1978 年 4 月 19 日,《浙江日报》刊登题为《砍掉四千株桃树的错误必须纠正》的报道并加"编者按"。

《浙江日报》1978 年 4 月 19 日

《浙江日报》1978 年 12 月 24 日

1981年5月28日,针对当时对联产承包责任制的争议,《浙江日报》在头版头条位置刊登长兴县委书记丁文荣的下乡日记《联产到劳真灵》。1981年5月29日,《浙江日报》刊登了《怎样搞好联产到劳责任制》。这两篇报道充分肯定了联产承包给农业生产带来的喜人变化,也回答了人们关心的一些疑难问题。

《浙江日报》1981年5月29日

《浙江日报》1981年5月28日

在80年代,就当时激烈争论的若干政策问题,《浙江日报》专门开辟《农村经济政策讨论会》专栏,共刊出29期,发稿百余篇。这场大讨论对推动各地贯彻党的十一届三中全会精神,解放思想,促进改革,有积极作用。

《浙江日报》开辟《农村
经济政策讨论会》专栏

《浙江日报》1997 年 12 月 30 日（1 版）

90 年代后期，《浙江日报》不失时机地刊出发展"效益农业"的一系列报道，如《一只梨卖了 5 元钱的背后》《企业办在农田上》《寸草只鹅也成大企业》等，多方引导农民向高质量发展要效益。

《浙江日报》
1981 年 9 月 3 日（1 版）

90 年代，浙江乡镇企业在全省工业总产值中，"三分天下有其二"。《浙江日报》从乡镇企业的苗头抓起，跟踪其发展、提高，不断刊发报道予以支持和引导，这对发展全省乡镇企业起到了促进作用。

《浙江日报》"效益农业"相关报道

1998 年 12 月,《浙江日报》发表消息《嵊州市雅璜乡干部〈民情日记〉连民心》,报道该乡干部人人有一本《民情日记》,他们串百家门、记百家事、解百家难,受到农民欢迎。这篇报道介绍了进一步改善基层干群关系的新经验,在社会上特别是在农村引起很大反响。

《浙江日报》1997 年 2 月 23 日

1997 年 7 月 1 日,中国政府恢复对香港行使主权。

《浙江日报》1998 年 12 月

(二)重大政治新闻报道

1997 年 2 月 19 日,一代伟人邓小平在北京逝世,举世哀悼。

《浙江日报》1997 年 7 月 2 日(3 版)

1999 年 12 月 20 日,中国政府恢复对澳门行使主权。

《浙江日报》
1999年12月21日（3版）

《浙江日报》1999年11月21日

（四）经济类新闻报道

1.全省各地专业市场的报道

如义乌小商品市场的宣传。1992年10月15日，《浙江日报》刊发《四任书记说四代市场》，介绍义乌小商品市场，引人注目，起到了很好的舆论先导作用。

（三）科技新闻报道

载人航天工程试验飞船飞行成功是我国航天史上的又一里程碑。"神舟一号"飞船于1999年11月20日6时30分在酒泉卫星发射中心由新型长征运载火箭发射升空，次日凌晨3时41分在内蒙古自治区中部地区成功着陆。

《浙江日报》1992 年 10 月 15 日

2.市场建设全面发展报道

1997 年 7 月 22 日,《浙江日报》头版刊登《全省金融业上半年平稳发展》,第 4 版刊登《浦江县外向型经济发展迅猛》。

《浙江日报》1997 年 7 月 22 日

1999 年 2 月 23 日,《浙江日报》头版刊登《出墙"红杏"——浙江外贸开拓奋进纪实》。

《浙江日报》1997 年 7 月 22 日

《浙江日报》1999 年 2 月 23 日

1999年3月11日,《浙江日报》第2版刊登《我省十五家大集团展现强者风采》《嘉善利用外资成绩斐然:去年以来外商投资额达8000多万美元》。

《浙江日报》1999年3月11日

1999年10月1日,《浙江日报》国庆特刊第11版刊发通讯《看市场,到浙江》,对几年来的市场发展作了综述。报道说:"在以市场为取向的经济体制改革中,浙江一直走在全国的前列。……到1998年,全省共有各类专业市场4619个","外省人常说,'看市场,到浙江'"。

《浙江日报》1999年10月1日

3.企业改制创新报道

1996年2月28日起,《浙江日报》第1版新辟《推进两个转变》专栏,首先推出了《奔向新世纪——温州"二次创业"系列报道之一》。

《浙江日报》1996年2月28日

《浙江日报》还刊登了"最优企业巡礼""绍兴丝绸印染厂改革与发展""走向新世纪的先锋"系列报道和镇海炼油化工股份有限公司系列报道等。镇海炼油化工股份有限公司系列报道是其中影响最大、最为出色的一组报道。1996 年 11 月 14 日，《浙江日报》在第 1、2 版以《国有企业的风采》为题，报道了这家企业创业、改革、发展的先进事迹和经验，并配发社论《光辉灿烂的希望》。11 月 29 日开始，《浙江日报》又连续刊登了 6 篇来自镇海炼油化工厂的后续报道，从深化改革、内涵发展、技术培训、精细管理、班子建设和两个文明一起抓等 6 个方面，分别介绍了该企业的基本经验，每则报道还配发一篇评论员文章，推动全省掀起了宣传、学习镇海炼油化工厂发展经验的高潮。这一系列报道受到了浙江省委和中共中央的重视，被中宣部列为 1997 年向全国推荐的重大典型之一。

《浙江日报》1996 年 11 月 14 日

《浙江日报》1996 年 11 月 14 日

《浙江日报》1996 年 11 月 29 日
开始连续刊登来自镇海炼油化
工厂的后续报道

《经济专刊·企业界》
1993 年 9 月 6 日（6 版）

4.股份制企业报道

1993 年 9 月 6 日、7 日、9 日,《经济专刊》登载关于浙江省股份制经济发展思考的一组报道,共 3 篇:《新的改革突破口》《企业转机制,职工换脑子》和《莫把起点当终点》。

《经济专刊·大市场》
1993 年 9 月 7 日（6 版）

《经济专刊·大市场》

1993年9月9日(6版)

1997年9月1日至5日,《浙江日报》头刊登"浙江股份合作制"系列报道:《伟大的创举》《荒山海涂变成金山银滩》《乘风破浪济沧海》《璀璨"明珠"耀山谷》《体制改革的新突破》。这一组报道通过对事实的深入剖析,为读者提供了富有时代气息的新鲜经验,并回答了人们关心的经济问题。

《浙江日报》1997年9月1日

5.多种所有制经济报道

1993年9月6日,《浙江日报》刊发《承包—退包—再承包:开化交通实业总公司坚持改革完善单车承包制》。

《浙江日报》1997年9月6日(1版)

1993 年 10 月 12 日,《浙江日报》头版刊发《杨汛桥镇党的十四大精神再教育:联系实际讲究实效,发展才是硬道理,改革再上新台阶》。

1994 年 1 月 10 日,《浙江日报》刊发《去年下半年个体私营企业新增工业产值 1.2 亿元,开化县新办个体私营企业 800 家》。

1994 年 8 月 14 日,《浙江日报》头版刊发《湖州努力提高乡镇企业经济质量》。

1994 年 12 月 28 日,《浙江日报》头版刊发《我省第三产业发展迅猛》。

1995年10月23日,《浙江日报》头版刊发《我省企业家队伍日渐壮大》。

《浙江日报》1995年10月23日

1995年12月15日,《浙江日报》头版刊发《深化企业改革,推进科技进步:温州国有企业越办越好》。

《浙江日报》1995年12月15日

1997年11月29日,《浙江日报》头版刊发"嘉兴市多种所有制经济共同发展"系列报道之二《调整结构,重组优势》。

《浙江日报》1997年11月29日

1998年10月25日,《浙江日报》头版刊发《依托科技进步,推进制度创新:温州全面推进新一轮工业经济发展》。

《浙江日报》1998年10月25日

《浙江日报》1993年10月12日

（五）"三贴近"新闻报道

1993年10月12日,《浙江日报》第5版《援藏群英谱》专栏刊发报道《哈达献给阿姆吉拉——记浙江援藏医疗队员们》,讲述了援藏党政干部、医务人员、教师、工程技术人员在高寒缺氧的艰苦环境中默默奋斗的先进事迹。

1993年10月21日,《浙江日报》第5版《360行你我他》专栏刊发报道《西子湖上"撩湖兵"》,讲述了一批普通劳动群众在艰苦平凡岗位上的动人事迹。

《浙江日报》1993年10月21日

1993 年 10 月 26 日,《浙江日报》第 7 版《劳模春秋》专栏刊发报道《白衣"法官"徐思行》,讲述了为社会主义建设做出杰出贡献的劳模、功臣的闪光情怀。

《浙江日报》1993 年 10 月 26 日

1994 年临近春节之际,《浙江日报》第 2 版开辟《话说"菜篮子"》专版,从 1 月 26 日至 2 月 1 日,先后用近 4 个版面,突出宣传了人民关心的热点问题;2 月 5 日,又以《喜看节前"菜篮子"》为题作了连续报道,给广大读者留下了深刻印象。

《浙江日报》
1994 年 1 月 26 日(2 版)

《浙江日报》
1994 年 2 月 5 日(2 版)

1997 年 6 月 17 日,《浙江日报》头版刊登《透过"窗口"看新风:全省公安派出所文明示范窗口纪事(上)》。

《浙江日报》1997 年 6 月 17 日

第五篇 21世纪以来的浙江新闻报业

进入21世纪,浙江报业迎来了真正的百花齐放、春色满园,地市报又添报业集团。社会经济文化环境的变革催动了媒体生态的演化,网络及新媒体的出现和蓬勃发展,则为浙江新闻人开拓了新的阵地,提供了新的舞台。

这一时期,网络媒体及新媒体异军突起,从无到有、从小到大、从萌芽探索到成熟完备,报业除了建网站外,还积极探索报纸的电子版上网发布、网络报纸与网上视频音频发布(网络电视)、手机报、数字报纸、数字电视等若干种形式,发布媒介则主要包括互联网、电视、手机及其他触屏终端。

一、浙江成立报业集团

浙江地区报业沿着规模化并组这一集中优势资源、整合共谋发展的道路,先后酝酿并成立了浙江日报报业集团、杭州日报报业集团、宁波日报报业集团等。

浙江日报报业集团标志

(一)浙江日报报业集团

浙江日报报业集团于2000年6月25日成立,成立伊始共包括报、刊、网等28家子单位和下属媒体,集团报刊期发行总量达500余万份,规模居全国报业集团前列。集团有独资和控股子公司60家,经营业务涉及传媒、印务、发行、广告、物业、高新技术、资本运营、房地产等领域,员工4500人,总收入26.2亿元。

浙江日报报业集团办公大楼

目前,集团拥有传统主流媒体38家;新兴媒体包括浙江在线新闻网站、"浙江新闻"客户端、浙江手机报、腾讯·大浙网、边锋浩方网络平台及App、媒体法人微博、微信公众号等200多个。2013—2014年,浙报集团2次入选"世界媒体 500 强",被评为全国首批"数字出版转型示范单位"。

(二)宁波日报报业集团

宁波日报报业集团是原国家新闻出版总署于 2002 年 6 月 20 日正式发文批准组建的,同年 8 月,集团正式挂牌成立。现有"八报一刊一社一网站一书店",即《宁波日报》《宁波晚报》《东南商报》《余姚日报》《慈溪日报》《奉化日报》《鄞州日报》《新侨报》《宁波通讯》、中国网、宁波出版社和宁波市新华书店。

宁波日报报业集团办公楼

(三)杭州日报报业集团

2001 年 11 月 8 日,经中宣部批准,杭州日报报业集团挂牌成立;2005 年 12 月,杭州市委、市政府批准组建杭州日报集团有限公司。初建时有 10 种报刊(《杭州日报》《都市快报》《每日商报》《萧山日报》《富阳日报》《城乡导报》《都市周报》及《风景名胜》杂志、《休闲》杂志、《杭州》杂志)和 10 余家网站,日均总发行量达 190 万份,是一家以报刊为主业、兼容多元媒体和相关文化产业的大型现代传媒集团。集团先后组建了全资子公司或控股公司 36 家,被誉为"中国最具

宁波日报报业集团标志

投资价值媒体",在全国"报业集团总体经济规模综合评价"中排前十位。

杭州日报报业集团标志

杭州日报报业集团办公楼

二、地市报又组建报业集团

2000年6月25日,浙江日报报业集团成立。这标志着在世纪之交,浙江报业的发展进入一个新的阶段。

2001年,杭州日报报业集团成立;2002年,宁波日报报业集团成立;2004年,温州日报报业集团成立。之后,湖州日报、绍兴日报、嘉兴日报、台州日报、金华日报、衢州日报、舟山日报、丽水日报等报社也相继走上集团化之路,这意味着浙江省所有市级党报均完成改制和报业集团组建工作。

(一)温州日报报业集团

2004年9月7日,温州日报报业集团正式成立,由《温州日报》《温州晚报》《温州都市报》《温州商报》与温州新闻网、《温州瞭望》杂志等"四报一网一刊"组成。

温州日报报业集团办公楼

（二）湖州日报报业集团

2008 年 12 月 26 日，湖州日报报业集团成立。到 2014 年，集团下属媒体从成立之初的 2 个（《湖州日报》《湖州晚报》）增加到 4 类 19 个，其中纸质媒体 12 个，包括《湖州日报》《湖州晚报》《湖州星期三》《长兴时报》《德清时报》《安吉时报》《南浔时报》《湖商》《湖州旅游》《MORE》《浔商》《乐享车生活》；网络媒体 4 个，包括湖州在线、湖州日报网、苕溪网、"住在湖州"等。

（三）绍兴报业传媒集团

2009 年 8 月 8 日，绍兴报业传媒集团正式揭牌。集团拥有"三报一网一杂志"：《绍兴日报》《绍兴晚报》《天天商报》以及绍兴网、《越商》杂志。绍兴报业传媒集团积极探索从传统报社向现代传媒集团的战略转型，优化产业结构，拉长产业链条，致力于建设以文化产业为核心的大型文化集团。

绍兴报业传媒集团办公楼

湖州日报报业集团办公楼

（四）嘉兴日报报业传媒集团

2009年12月28日，嘉兴日报报业传媒集团成立。嘉兴日报报业传媒集团旗下拥有《嘉兴日报》《南湖晚报》、嘉兴在线新闻网、城市新图网、"99号"网站、《禾商》杂志等媒体。

嘉兴日报报业传媒集团

嘉兴日报报业传媒集团暨嘉兴日报社成立二十五周年庆典大会

（五）台州日报报业传媒集团

台州日报报业传媒集团于2011年3月25日挂牌成立。集团拥有"三报一网"：《台州日报》《台州晚报》《台州商报》和中国台州网。

台州日报社办公楼

台州日报报业传媒集团办公楼夜景

（六）金华日报报业传媒集团

2012年7月2日，金华日报报业传媒集团成立。集团拥有"四报一网"：《金华日报》《金华晚报》《浙中新报》《兰江导报》和金华新闻网。

金华日报报业传媒集团办公楼

（七）衢州日报报业传媒集团

2014年1月21日，衢州日报报业传媒集团正式成立。目前，集团拥有六大媒体平台：传统媒体（含《衢州日报》《衢州晚报》《农家报》3种报纸，《衢州纵横》《信安阁》《常青藤》3种杂志）、网络媒体（衢州新闻网、大衢网）、移动媒体（"掌上衢州"App、微信公众号矩阵、"衢州发布"）、声讯平台（"96811"公众服务热线）、实体平台（"96811"体验馆）和视频终端（衢报城市电视）。

衢州日报报业
传媒集团办公楼

衢州日报报业传媒集团办公楼夜景

（八）舟山报业传媒集团

2015年7月17日,舟山报业传媒集团正式挂牌成立,标志着舟山日报社在推动报业实现集团化、集约化,推进党报集团加快向综合性传媒集团转型步伐的实践中迈出了里程碑式的一步。舟山报业传媒集团旗下有《舟山日报》《舟山晚报》、舟山网、《舟商》杂志等12家传统媒体和新兴媒体。

舟山报业传媒集团办公楼

（九）丽水日报报业传媒集团

2017年1月6日,丽水日报报业传媒集团有限公司正式拿到营业执照。集团现拥有《丽水日报》《处州晚报》、丽水网、移动新闻客户端"指尖丽水"和报纸官方微博等媒体。

丽水日报报业传媒集团办公楼

三、新兴的网络媒体与报网融合

早在1993年12月6日,《杭州日报》(下午版)经由杭州市联机服务网络"展望咨讯网",实现了该报的电子版向网络用户传送,通过联网的电脑可以阅读当天的下午版新闻。这是浙江也是中国第一家进行电子化网络传播尝试的地方报纸,它首创了我国报纸向网络用户传送的历史。由于相关设备未能跟上,报纸上网不久便"流产"了,但它为浙江传媒业开启网络时代迈出了可喜的一步。

这一时期,地区级新闻网站和市(地)、县党委机关报电子版先后面世,如温州新闻网、金华新闻网、嘉兴在线、湖州在线和《嘉兴日报》电子版、《萧山时报》电子版、《绍兴县报》电子版等。

(一)浙江日报社开通新闻网站"浙江在线"

20世纪90年代末,新兴的网络传播媒体开始在浙江陆续出现。1999年元旦,

"浙江在线"开通,是浙江第一家新闻网站。

"浙江在线"由浙江日报社投资,是一家以传播最新信息为主的省重点新闻宣传网站。除发布《浙江日报》和所属报刊电子版,以及为批准上网的其他报纸提供链接服务外,每天24小时滚动登载国内外热点新闻,日更新量在800条以上。

1999年元旦创办的"浙江在线"

"浙江在线"开通以来,以网络传播研究为重点,汇集一批国内具有影响的网络传播学者开通个人网上专栏,整合国内新闻学术界的最新论文与报道,在业内建立了专业、权威的形象,引起新闻界的关注。

（二）杭州日报社创办的"杭州网"

继"浙江在线"之后，杭州日报社创办杭州新闻网"点击杭州"，2000年10月起在网上发布消息。该网站后改为"杭州网"，由杭州市委宣传部、杭州日报报业集团和杭州广播电视集团共同组建。

杭州新闻网"杭州网"

杭州网汇集杭州的时政、社会、经济、旅游、文体、科教等各种新闻，并可实现在网上浏览《杭州日报》《都市快报》《每日商报》。

2003年，杭州网扩大规模，改由杭州市委宣传部、杭州日报报业集团、杭州广电集团联办，杭州日报报业集团为主承办。2004年2月16日，由杭州市委宣传部、杭州日报报业集团和杭州广电集团三方共同组建的杭州网络传媒有限公司成立。

（三）中国宁波网

由中共宁波市委宣传部和宁波日报报业集团于2001年6月1日联合主办，是宁波市唯一一家经国务院新闻办公室批准正式建立的综合性重点新闻网站。

2001年6月创办的中国宁波网

三、手机报和数字报纸的兴起

手机的普及和现代人对信息快速获取的需求，为手机报这一"第五媒体"的诞生创造了条件。

（一）手机报

2005年1月，杭州日报报业集团创办《杭州手机报》,这是全省第一家手机报,也是华东地区第一家由党报创办的手机报,这一具有创新意义的新媒体成为杭州市新闻事业中的一支新军。

《杭州手机报》

2005 年 5 月,浙江日报报业集团创办了《浙江手机报》,是全国第一家由省级党报创办的手机报。手机报的出现,实现了"第一媒体"向"第五媒体"的跨越,是传统媒体融入新媒体、应对新兴媒体挑战的重要尝试。

《浙江手机报》

《浙江手机报》

(二)数字报纸

1. 浙江日报报业集团数字报

2006 年 2 月,浙江日报率先在"浙江在线"网站上推出了数字报纸,这份被两院院士王选称为"报纸未来"的数字报纸,能够实现传统报纸、数字报纸、光盘出版以及全文数据库产品的一体化生产和出版。浙报集团旗下《浙江日报》《钱江晚报》《今日早报》《美术报》《浙江老年报》等报纸在签样付印的同时，就能自动生成数字报纸，这意味着读者可以在网上提前读到当天的报纸。数字报纸同时提供 3 种阅读方式——通过点击版面图来阅读、通过点击文章来阅读、通过打开版面的 PDF 文件来阅读，更有朗读功能帮助有视觉障碍的读者阅读报刊，最大可能地延续并完善了传统报纸的阅读习惯和阅读体验。

浙江日报报业集团数字报

2.杭州日报报业集团数字报

杭州日报报业集团数字报平台由杭州日报报业集团主管，包括《杭州日报》《都市快报》《每日商报》《萧山日报》《富阳日报》《城乡导报》等数字报纸。

杭州日报报业集团数字报

3.宁波日报报业集团数字报

宁波日报报业集团数字报由宁波日报报业集团主办，包括《宁波日报》《东南商报》《宁波晚报》《新侨报》等数字报纸。

宁波日报报业集团数字报

目前，全省各地市均实现了报纸数字化，报网融合与新兴网络媒体得到了广泛的应用。另外，进入 21 世纪，报社接收信息、传输稿件或版面的时空限制被逐渐打破。如 2006 年 6 月，《都市快报》正式启用零售信息化管理系统，规范了零售管理，可为管理层快速实时地提供准确的零售信息。网络技术将《杭州日报》的报纸内容生产的各个环节连接成为一个整体。通过内部网络和专用光缆，报社采、编、印、发之间逐步实现了自动传输。报社（报业集团）建立起内部的信息化平台（局域网），内部信息平台把报社（报业集团）各个分散的部门集纳整合成一个整体。至 2008 年，杭报集团和浙报集团都已将原来基于局域网的静态页面发布改为基于 Web 2.0 的动态发布，使报社的记者在任何地方都可以登录网站编辑和发稿，理论上，报社记者不一定要在办公室写稿，编辑也可以在家办公，这就是数字化发展给报业带来的巨大变化。

四、唱响主旋律，重大报道精彩纷呈

进入 21 世纪，浙江报业贯彻"三个代表"重要思想，落实科学发展观，紧紧围绕经济建设中心，服务改革开放大局，唱响主旋律，重大报道精彩纷呈。

（一）唱响主旋律

1. 学习和实践"三个代表"重要思想

2000 年 5 月 18 日，《浙江日报》刊发《我省各级党组织学习江总书记考察江浙沪重要讲话——认真贯彻"三个代表"的重要思想，全面推进党的建设，开创各项工作新局面》。

《浙江日报》2000年5月18日

2000年5月19日,《浙江日报》刊发《张德江在余杭市"三讲"教育总结大会上要求:以"三个代表"重要思想为指导,巩固和发展"三讲"教育的成果》。

《浙江日报》2000年5月19日

2002年9月10日,《浙江日报》刊发《实践"三个代表"的壮歌——我省抗击第十六号台风纪实》。

《浙江日报》2002年9月10日

2003年8月10日,《浙江日报》刊发《习近平在丽水调研时强调:以"三个代表"重要思想为指导,努力使欠发达地区发展成为我省新的经济增长点》。

《浙江日报》2003年8月10日

2004 年 2 月 22 日,《浙江日报》头版头条刊发《村村都有指导员——绍兴县镇(街道)干部驻村纪事》,在全省引起强烈反响。

《浙江日报》2004 年 2 月 22 日

2005 年 1 月 21 日,《浙江日报》刊发《中共浙江省委关于开展以实践"三个代表"重要思想为主要内容的保持共产党员先进性教育活动的实施意见》。

《浙江日报》2005 年 1 月 21 日

2006 年 8 月 18 日,《浙江日报》刊发《习近平在省委理论学习中心组〈江泽民文选〉专题学习会上强调:全面系统地学习〈江泽民文选〉,深入贯彻"三个代表"重要思想》。

《浙江日报》2006 年 8 月 18 日

2007 年 5 月 12 日,《浙江日报》刊发《赵洪祝在省委〈江泽民文选〉专题学习会上强调:全面把握"三个代表"重要思想,牢固树立和落实科学发展观,不断开创浙江社会主义现代化建设新局面》。

《浙江日报》2007年5月12日

2.学习和实践科学发展观

2008年11月7日,《浙江日报》刊发《省委召开工作会议:以科学发展观统领"三农"工作,努力开创浙江农村改革发展新局面》。

《浙江日报》2008年11月7日

2008年12月13日,《浙江日报》刊发《指引科学发展的科学理论:省委常委在学习实践活动中带头宣讲科学发展观》。

《浙江日报》2008年12月13日

2009年10月10日,《浙江日报》刊发《赵洪祝在学习陈柱平钟伟良毛文国同志先进事迹座谈会上强调:以先进为榜样自觉践行科学发展观》。

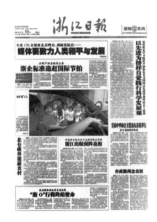

《浙江日报》2009 年 10 月 10 日

2010 年 5 月 26 日,《杭州日报》刊发《市委办公厅转发〈关于深入开展"西湖先锋"创先争优活动的意见〉:学习实践科学发展观,建设服务型基层党组织》。

《浙江日报》2010 年 5 月 26 日

(二)这一时期的重大新闻报道

1."神舟"五号载人飞船发射成功报道

2003 年 10 月 15 日 9 时 9 分 50 秒,我国自行研制的"神舟五号"载人飞船,在酒泉卫星发射中心发射升空后,准确进入预定轨道,中国首位航天员被顺利送上太空。《浙江日报》10 月 16 日、17 日连续两天头版头条进行了报道。

《浙江日报》2003 年 10 月 17 日

2011年9月29日,"天宫一号"发射升空,中国向"空间站时代"迈出了坚实的一步。从1999年第一艘飞船飞上太空到这次"天宫一号"发射,12年间,中国的载人航天工程以坚实的步伐迈向建造空间站这一19年前启动载人航天工程时便确定的目标。《浙江日报》9月30日用3个版予以专题报道,10月1日刊发报道《天宫一号 华丽转身》《天宫一号 太空留名》,突出了中国航天技术的新成就。

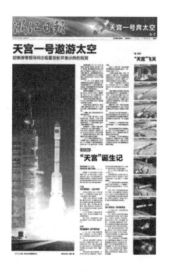

《浙江日报》2011年9月30日

《浙江日报》2011年9月30日

《浙江日报》2011年9月30日

《浙江日报》2011 年 10 月 1 日

《浙江日报》2011 年 10 月 1 日

2.2003 年抗击"非典"报道

2003 年春,一场突如其来的"非典"疫情突袭中华大地。2003 年 4 月 19 日晚,杭州市卫生局报告在杭州市发现 3 例非典型肺炎可疑病例。浙江省各级媒体立即行动,牢记记者的责任,坚守报人的良知,进行抗击"非典"特别报道。

《浙江日报》4 月 21 日开始加大报道力度,2003 年 4 月 22 日推出抗"非典"专版。2003 年 5 月 6 日头版刊发的《一切为了人民的根本利益》,被评选为"全国新闻界抗击'非典'优秀新闻作品"。

《浙江日报》2003 年 4 月 22 日

《浙江日报》2003 年 4 月 22 日

2003 年 5 月 7 日,《浙江日报》头版刊发《温家宝在全国农村非典型肺炎防治工作电视电话会议上强调:高度重视,加强领导,切实做好农村非典型肺炎防治工作》。

《浙江日报》2003 年 4 月 22 日

《浙江日报》2003 年 5 月 7 日

《杭州日报》2003 年 4 月 21 日开始推出《非典专题新闻》专版,4 月 26 日开始在第 1 版推出《万众一心抗击非典》专栏。

《杭州日报》2003 年 4 月 26 日

《杭州日报》2003 年 4 月 21 日

《杭州日报》2003 年 5 月 7 日

《杭州日报》2003 年 4 月 21 日

《钱江晚报》等都市类报纸更是积极行动，走在抗击"非典"的前线。2003年4月21日起，从2版到8版，推出7篇《抗"非典"前沿》的特别报道，其中《用理性与爱共筑"非典"防线》被评选为"全国新闻界抗击'非典'优秀新闻作品"。

《钱江晚报》4月21日起连续对"在水一方"隔离点进行报道。如:《"隔离"抗"非典"，我们理解》(4月21日)、《隔离点，一切尽在掌握中》(4月22日)、《理性、科学地面对"非典"》(4月23日)、《"维存"送进隔离点》(4月24日)、《笑声承载希望，奉献情动我心》(4月25日)、《坚持到底，就是胜利!》(4月26日)、《心连心，抗"非典"》(4月27日)、《让隔离的每一天都是春天》(4月29日)、《阳光真好! 自由真好! 健康真好!》(5月2日)……这些报道体现科学精神，彰显人文关怀，受到广泛好评。

《钱江晚报》2003年4月21日

《钱江晚报》2003年4月25日

《钱江晚报》2003 年 4 月 29 日

3. 2008 年汶川地震报道

2008 年 5 月 12 日,四川省阿坝藏族自治州汶川县突发 7.8 级地震。《浙江日报》13 日头版予以重点报道。5 月 14 日起,《浙江日报》推出 2 版"抗震救灾特别报道",之后每天以 1～2 个专版进行特别报道。

《浙江日报》2008 年 5 月 14 日

《钱江晚报》2003 年 5 月 2 日

《浙江日报》2008 年 5 月 14 日

《浙江日报》2008 年 5 月 20 日

　　5 月 19 日是汶川地震"全国哀悼日",《浙江日报》推出 6 个版的特别报道。20 日、21 日,《浙江日报》每天用 7 个版做特别报道。

《浙江日报》2008 年 5 月 21 日

《浙江日报》2008 年 5 月 19 日

　　5 月 13 日至 16 日,《钱江晚报》推出《"汶川地震"现场》专版,每天以 10～15 个版面进行特别报道。5 月 17 日,《钱江晚报》推出《"大地

震"现场》专版，以 10～15 个
版面进行报道。

《钱江晚报》2008 年 5 月 13 日

《钱江晚报》2008 年 5 月 17 日

《钱江晚报》2008 年 5 月 13 日

《钱江晚报》2008 年 5 月 17 日

2008 年 5 月 13 日起，《都市快报》每天以 6～10 个专版推出汶川地震特别报道。5 月 19—21 日，《都市快报》连续 3 天推出 16 个版的"哀悼日"特别报道，用粗黑或纯白等版面语言，寄托对遇难同胞的哀思。

《都市快报》"哀悼日"特别报道

4. 2008 年北京奥运会报道

第 29 届奥运会是在北京举办的一次体育盛会，机会难得，也是媒体大展拳脚，在竞争中突出品格、确定市场地位的一次"练兵"。

浙江的报纸纷纷策划特刊，推出独家报道。

2008 年 8 月 8 日，《浙江日报》推出 12 版的"奥运集结号"，报道北京奥运开幕的准备工作。

《浙江日报》2008 年 8 月 8 日

《浙江日报》2008 年 8 月 8 日

8月9日,《浙江日报》推出13版的《激情北京》特刊,报道北京奥运开幕的盛况。

《浙江日报》2008年8月9日

《浙江日报》2008年8月9日

之后,《浙江日报》每天用不少于4版的《激情北京》特刊报道北京奥运各项比赛的盛况。8月25日,又推出16个版面的《激情北京》特刊,以"圆梦"为主题,圆满结束对北京奥运的策划报道。

奥运是北京的,是中国的,更是世界的。8月6日,《杭州日报》以奥运会的名义,吹响冲锋号,推出4个版的《北京时间》特刊,开启奥运会特别报道。

《杭州日报》2008年8月6日

《杭州日报》2008 年 8 月 6 日

　　8 月 9 日,《杭州日报》推出 6 个整版,报道奥运会开幕的盛况。

《杭州日报》2008 年 8 月 9 日

　　8 月 25 日,《杭州日报》又推出 9 个整版,以"北京,你无与伦比"为主题,全面报道奥运会闭幕的盛况。

《杭州日报》2008 年 8 月 9 日

《杭州日报》2008 年 8 月 25 日

《杭州日报》2008 年 8 月 25 日

2008 年是奥运年,《钱江晚报》动作较早。早在 2007 年 5 月,《钱江晚报》就推出了北京奥运会专版《心向北京》。1 月 22 日,在距北京奥运会不足 200 天的时候,推出 8 个版面的《奥运中国》特刊。编辑称,如果说"心向北京"是它的"乳名",那么豪情满怀的"奥运中国"就是它的"学名"。

《杭州日报》2008 年 8 月 25 日

《钱江晚报》2008 年 1 月 22 日

《钱江晚报》2008年1月22日

《钱江晚报》2008年8月8日

　　2008年8月8日,《钱江晚报》推出16版的《奥运中国》特刊,全面报道北京奥运会的准备情况、开幕式的准备情况及中国队的备战情况。

　　8月9日,《钱江晚报》以正刊A单元推出16版的《奥运中国》特刊,全面解读、报道开幕式的盛况。

《钱江晚报》2008年8月8日

《钱江晚报》2008年8月9日

《钱江晚报》2008 年 8 月 9 日

《都市快报》2008 年 8 月 9 日

2008 年 8 月 4 日,《都市快报》推出《2008 一起奥运》特刊。8 月 9 日,《都市快报》又推出 24 版的《2008 一起奥运》特刊。

《都市快报》2008 年 8 月 9 日

《都市快报》2008 年 8 月 4 日

奥运特刊不仅有阅读价值，还有收藏价值。由中国报业网站、中国新闻史学会等联合主办的全国报纸奥运号外、特刊征集评选活动中，《浙江日报》荣获"最佳版面特刊奖"和"最具收藏价值特刊奖"。

5. 新中国成立 60 周年报道

2009 年 10 月 1 日是新中国成立 60 周年的特别日子。

2009 年 9 月 30 日，《浙江日报》策划推出 40 版的《喜庆新中国六十华诞》特别报道。特刊站在新中国 60 周年纪念日的时间刻度上，追忆 60 年的似水流年，追溯 60 年并不如烟的往事。在这种回眸守望中，表达对祖国愈加汹涌澎湃的爱。

《浙江日报》2009 年 9 月 30 日

10 月 1 日当天，《浙江日报》8 版特刊用 2 个通版，以鲜红的色彩，深情表达：中国，中国，我爱你！

《浙江日报》2009 年 10 月 1 日

《浙江日报》2009 年 10 月 1 日

《浙江日报》2009 年 10 月 1 日

2009 年 10 月 1 日，《钱江晚报》推出 60 版的《国庆60 周年·典藏》特刊，从"阅兵导看""英雄部队""国之利器""阅兵往事""阅兵记忆""家庭相册""影像记忆"等方面介绍阅兵情况，祝福伟大祖国。

《钱江晚报》2009 年 10 月 1 日

《钱江晚报》2009 年 10 月 1 日

6. 中国共产党建党 90 周年报道

2011 年 7 月 1 日是中国共产党成立 90 周年的纪念日。

《钱江晚报》推出 24 版《解码中共》的建党 90 周年特别报道。特刊从"青春无敌""青春动力""青春对话"等方面进行报道，站在中共建党 90 周年的历史节点上，祝愿中国共产党青春长驻、活力永存。

《钱江晚报》2011 年 7 月 1 日

《钱江晚报》2011 年 7 月 1 日

《钱江晚报》2011 年 7 月 1 日

《钱江晚报》2011 年 7 月 1 日

7. 2011 年"最美妈妈"事迹报道

2011 年 7 月 2 日中午 12 点多,杭州滨江香溢白金海岸小区传来呼救声,小区 22 幢某单元 10 楼一个小女孩挂在窗外,她的双手抓在窗框上,只坚持了不到 2 分钟就突然坠落。危急时刻,同住在一个小区的女邻居吴菊萍,伸出手臂接住了孩子,自己却受伤了。

《浙江日报》《杭州日报》《钱江晚报》《都市快报》等在杭报纸都第一时间报道了这则新闻,救人英雄吴菊萍一时间被称为"最美妈妈"。

2011 年 7 月 5 日,《浙江日报》第 2 版刊发《网友热议最美妈妈》《最美妈妈美在哪》等文章,组构专栏,重点报道。

《浙江日报》2011 年 7 月 5 日

2011 年 7 月 7 日,《浙江日报》头版报道了时任浙江省委书记赵洪祝看望"最美妈妈"吴菊萍,希望全社会弘扬见义勇为精神。

《浙江日报》2011 年 7 月 7 日

"最美妈妈"吴菊萍勇救小孩事件,引发很大关注,感动了无数人。美联社、法新社、英国《每日邮报》《每日电讯报》、美国《纽约邮报》与福克斯电视台等欧美媒体,以及巴基斯坦媒体、中东媒体等都报道了"最美妈妈"吴菊萍的事迹。

2011 年 7 月 10 日,中央电视台新闻联播播出《杭州:"最美妈妈"用双手托起生命》,报道吴菊萍的事迹。

"最美妈妈"吴菊萍让杭城市民共同经历着感动,也激发了人们对社会价值和人生价值的思考,带动了整个城市的讨论。以这则新闻为契机,杭州向全国公开征集"我们的价值观"核心词活动正式启动。杭州市委宣传部、杭州日报报业集团、杭州市社科院、人民网浙江频道、浙江在线等联合搭建平台,欢迎市民通过写信、拨打热线电话、发送短信、网络发帖等形式,积极参与,贡献金点子。

2011 年 7 月 6 日,《杭州日报》第 2 版开辟专栏,向全国公开征集"我们的价值观"核心词。

《杭州日报》2011 年 7 月 6 日

2011 年 7 月 14 日,《都市快报》第 2 版至第 7 版策划推出《我们的价值观》专版,之后每天 1 个专版,特别报道杭州市开展的"我们的价值观"主题实践活动。

《都市快报》2011 年 7 月 14 日

《都市快报》2011 年 7 月 14 日

7 月 16 日,《都市快报》推出的《我们的价值观》专版报道了央视《焦点访谈》聚焦"最美妈妈"。

《都市快报》2011 年 7 月 16 日

2011 年 7 月 15 日,《浙江日报》头版报道《"吴菊萍现象"召唤信念的力量——杭城热议"我们的价值观"》。

《浙江日报》2011 年 7 月 15 日

　　吴菊萍救人事件激发出来的善举、爱心、关注，报纸的及时报道和舆论引导，让人感受到了爱的伟大，感受到了陌生人之间的温暖，使我们更能感受到一座城市、一个社会确实非常需要以爱国、奉献、互助等核心价值来提升城市文明素质和市民素质。对吴菊萍的关注和奖励，是对她英雄行为的鼓励和肯定，更是一种期待，期待我们的社会更温暖、更美好。

　　（三）进入新时代，在习近平新时代中国特社会主义思想指引下，浙江新闻报业与时代合拍，与人民同行，不断践行新闻人民性的真理

　　1. 讲好中国故事，突出实际效果

　　进入新时代，党的执政环境和新闻传播环境出现了新变化、新特征，全省新闻报业工作者在习近平新时代中国特色社会主义思想指引下，与时代合拍，与人民同行，为改革发展营造良好舆论氛围。如中国梦、"五水共治"、新农村建设、"一带一路"等报道都体现了浙江报业自觉担负起政策宣传责任，发挥舆论引导的作用和优势，把握正确舆论导向，奏响时代强音，为浙江人民实现中国梦凝聚强大的精神力量。

（1）中国梦新闻报道

2013 年 5 月 14 日，《杭州日报》头版刊发《雷锋精神助力构筑"中国梦"——我市开展学雷锋志愿活动综述》。

《杭州日报》2013 年 6 月 1 日

《杭州日报》2013 年 5 月 14 日

2013 年 6 月 1 日，《杭州日报》头版刊发《夏宝龙"六一"前夕在杭州看望少年儿童：书写少年梦，托起中国梦》。

2013 年 6 月 10 日，《杭州日报》头版刊发《用"巾帼梦"托举"中国梦"——热烈祝贺杭州市第十五次妇女代表大会隆重召开》。

《杭州日报》2013 年 6 月 10 日

2013年6月21日,《杭州日报》头版刊发《黄坤明在市委理论学习中心组(扩大)专题学习会上强调:学习贯彻习近平重要讲话精神,奋力谱写中国梦的杭州篇章》。

《杭州日报》2013年6月27日

2013年7月1日,《杭州日报》头版刊发《点亮微心愿,共筑中国梦:全省在职党员"七一"进社区活动举行,蔡奇等参加活动》。

《杭州日报》2013年6月21日

2013年6月27日,《杭州日报》头版刊发《凝聚实现中国梦的强大精神力量——学习贯彻刘云山同志重要讲话精神系列评论之一》。

《杭州日报》2013年7月1日

2013年7月9日,《杭州日报》头版刊发《为谱写"中国梦"的杭州篇章提供坚强保障——论深入开展党的群众路线教育实践活动》。

《杭州日报》2013年7月9日

2013年7月19日,《杭州日报》头版刊发《凝聚实现"中国梦"杭州篇章的强大力量——市委常委会就群众路线教育实践活动广泛听取意见建议》。

《杭州日报》2013年7月19日

2014年2月20日,《杭州日报》头版刊发《张鸿铭在市新生代企业家联谊会2014年新春座谈会上强调:敢于担当,勇于创新,努力实现"中国梦"》。

《杭州日报》2014年2月20日

2014年6月1日，《杭州日报》头版刊发《阳光少年，放飞中国梦》。

《杭州日报》2014年6月1日

2014年10月9日，《杭州日报》头版刊发《宗庆后：娃哈哈有个"中国梦"》。

2016年3月29日，《杭州日报》头版刊发《助力G20，放飞中国梦》。

《杭州日报》2016年3月29日

2016年6月1日，《杭州日报》头版刊发《夏宝龙"六一"前夕赴杭师大和娃哈哈小学看望师生：做优秀教师培养更多合格接班人，做优秀少年为实现中国梦而奋斗》。

《杭州日报》2016 年 6 月 1 日

2017 年 10 月 19 日,《杭州日报》A11 版《党的十九大特别报道·杭州报告》刊发《满怀信心步入新时代,携手同心共筑中国梦》。

《杭州日报》2017 年 10 月 19 日

2017 年 10 月 19 日,《宁波日报》A06 版《党的十九大特别报道》刊发《我市各界收看收听党的十九大开幕会直播——不忘初心,牢记使命,为实现中国梦努力奋斗》。

《宁波日报》2017 年 10 月 19 日

2018 年 4 月 27 日,《宁波日报》头版刊发《郑栅洁在宁波大学调研时寄语广大青年学生:在实现中国梦的伟大实践中放飞青春梦想,做有理想有本领有担当的新时代大学生》。

《宁波日报》2018年4月27日

《钱江晚报》2017年10月8日

2017年10月8日,《钱江晚报》第2版刊发特别报道《用一颗执着的匠心,追求中国梦:他负责的装置技术指标国内第一,攻坚克难是他最闪亮的标签》。

2017年10月16日,《衢州日报》第5版刊发《文化惠民:幸福在城乡流淌》。

《衢州日报》2017年10月16日

2017年10月13日,《衢州晚报》头版刊发《喜迎十九大,共筑中国梦》。

2018年5月8日,《绍兴晚报》头版刊发《唱响劳动美,托起中国梦》。

2016年5月28日,《台州日报》头版刊发《快乐儿童节,共筑中国梦——市领导"六一"前夕走访慰问少年儿童》。

《台州日报》2016年5月28日

2018年5月15日,《浙江工人日报》头版刊发《劳动托起中国梦——写在全省职工合唱大赛总决赛前》。

《浙江工人日报》2018年5月15日

2016年9月23日,《浙江老年报》头版刊发《习近平对二十国集团领导人杭州峰会总结表彰工作作出重要指示强调:大力弘扬主人翁意识爱国主义精神无私奉献精神,为实现中华民族伟大复兴中国梦提供强大精神力量》。

《浙江老年报》2016年9月23日

2013年5月4日,《浙江日报》头版刊发《我省纪念"五四"运动94周年,夏宝龙向各界青年祝贺节日:为中国梦汇聚青春力量》。

《浙江日报》2013年5月4日

2014年1月16日,《浙江日报》第15版刊发《改革创新,四干争先:定海驶向深蓝的"中国梦"》。

《浙江日报》2014年1月16日

2014年6月1日,《浙江日报》头版刊发《夏宝龙"六一"前夕在杭州看望慰问少年儿童,祝全省小朋友节日快乐,勉励大家——争做一个为实现中国梦作出贡献的人》。

《浙江日报》2014 年 6 月 1 日

2015 年 9 月 12 日,《浙江日报》头版刊发《为实现中国梦而奋斗——总书记重要指示精神引起我省莘莘学子热烈反响》。

《浙江日报》2015 年 9 月 12 日

2015 年 9 月 29 日,《浙江日报》第 14 版刊发《中国梦的浙江探索与启示》。

《浙江日报》2015 年 9 月 29 日

2016 年 12 月 27 日,《浙江日报》第 13 版刊发《中国梦的台州样本》。

《浙江日报》2016 年 12 月 27 日

2017年5月5日,《浙江日报》头版刊发《车俊在建团95周年主题团日活动上寄语全省青年:凝聚青春力量共筑中国梦》。

《浙江日报》2017年10月25日

《浙江日报》2017年5月5日

2017年10月25日,《浙江日报》第8版《党的十九大特别报道》刊发《万山磅礴向主峰,同心共筑中国梦——浙江省代表团参加党的十九大闭幕会侧记》。

（2）"五水共治"新闻报道

2016年10月25日,《都市快报》B04版《五水共治特别报道》刊发《三年五水共治,杭州全新变化:治污水,防洪水,排涝水,保供水,抓节水》。

《都市快报》2016年10月25日

《都市快报》2017年11月7日

2017年11月7日,《都市快报》第4版刊发特别报道《"五水共治"这四年,杭州的水有哪些变化?请你仔细看看这张成绩单,然后做一份试卷,满分的有可能获奖》。

2017年12月19日,《都市快报》头版刊发《滨江今年一口气甩掉12条河劣V类帽子,杭州"五水共治"迎来阶段性胜利》。

《都市快报》2017年12月19日

2015年11月12日,《杭州日报》头版刊发《张鸿铭在市治水办调研时强调:坚定不移推进五水共治,咬定目标治出秀水美景》。

《杭州日报》2015年11月12日

2016年5月6日,《杭州日报》头版刊发《赵一德在市"五水共治"领导小组(扩大)会议上强调:坚持目标导向问题导向实干导向,着力打好五水共治攻坚战持久战》。

《杭州日报》2015年5月6日

2016年6月12日,《杭州日报》头版刊发《五水共治,让杭州更具江南韵味》。

《杭州日报》2016 年 6 月 12 日

《浙江日报》2007 年 3 月 5 日

（3）新农村建设新闻报道

2007 年 3 月 5 日,《浙江日报》《钱江晚报》《今日早报》刊登临安市青山湖街道朱村等全省 8 个村发出的《我们都来"种文化"——致全省农民的倡议书》。这次"种文化"活动持续数月,引起巨大反响。

《钱江晚报》2007 年 3 月 5 日

《今日早报》2007年3月5日

2014年2月28日,《杭州日报》头版刊发《龚正在全市新型城镇化暨农村工作会议上强调:提高新型城镇化和"三农"工作水平,努力让人民群众过上更加美好的生活》。

《杭州日报》2014年2月28日

2016年3月31日,《金华日报》刊发《暨军民在全市农业和农村工作会议上强调:做品质"三农"的领跑者》。

《金华日报》2016年3月31日

2018 年 4 月 10 日,《金华日报》头版刊发《引入金融活水让"三农"解渴受益,人行市中心支行五措并举助力乡村振兴》。

《金华日报》2018 年 4 月 10 日

2017 年 3 月 10 日,《丽水日报》头版刊发《农业供给侧改革的丽水印记——丽水 2016 年"三农"工作综述》。

《丽水日报》2017 年 3 月 10 日

2018 年 3 月 26 日,《丽水日报》第 4 版刊发《不忘初心、砥砺奋进,服务三农、振兴乡村——邮储银行丽水市分行探索"三农"金融服务特色发展之路》。

《丽水日报》2018年3月26日

《衢州日报》2017年1月18日

2017年1月18日,《衢州日报》头版刊发《江讯波在衢州市农民合作经济组织联合会成立大会上强调:深化"三位一体"改革,推动"三农"转型发展》。

2017年7月14日,《绍兴日报》头版刊发《把握"三农"新形势,激发发展新动能——全省农口贯彻落实省党代会精神座谈会在绍举行》。

《绍兴日报》2017 年 7 月 14 日

2016 年 4 月 7 日,《台州日报》头版刊发《王昌荣在调研"三农"工作时强调:突出三产融合,实现"三农"工作新发展》。

《台州日报》2016 年 4 月 7 日

2017 年 3 月 8 日,《台州日报》头版刊发《王昌荣在市农办调研时强调:用创新和实干书写"三农"工作新篇章》。

《台州日报》2017 年 3 月 8 日

2013 年 12 月 3 日,《浙江日报》第 18 版刊发《三农,我们关注你——省政府参事室"打造浙江农业农村发展升级版"研讨会发言摘登》。

《浙江日报》2013年12月3日

2017年2月10日,《浙江日报》头版刊发《夏宝龙在省委农村工作会议上强调:系统推进"三农"发展全面转型》。

《浙江日报》2017年2月10日

2018年1月22日,《浙江日报》头版刊发《习近平总书记"三农"思想在浙江的形成与实践》。

《浙江日报》2018年1月22日

2017年7月23日,《宁波日报》头版刊发《新农村建设和生态保护双赢发展:红色资源推动海曙山乡巨变》。

《宁波日报》2017 年 7 月 23 日

2016 年 10 月 15 日,《宁波日报》刊发《葛慧君在甬调研时强调:精心打造文化礼堂,全力助推新农村建设》。

《宁波日报》2016 年 10 月 15 日

2016 年 11 月 1 日,《衢州日报·农家报》第 6 版刊发《乡村垃圾分类,"分"出新风景——新农村建设让郭塘村从"美丽"变"魅力"》。

《衢州日报·农家报》
2016 年 11 月 1 日

2016 年 7 月 12 日,《浙江老年报》头版刊发《新农村建设产业转型升级路在何方?瑞安老干部说"特色"是照明灯》。

《浙江老年报》2016年7月12日

2017年1月4日,《衢州日报》头版刊发《江讯波在江山宣讲十八届六中全会精神时强调:高标准推进新农村建设,切实增强人民群众的获得感幸福感》。

《衢州日报》2017年1月4日

2017年5月16日,《浙江日报》第10版刊发《城与乡,因水而近——来自绍兴越城区环境治理的启示》。

《浙江日报》2017年5月16日

（4）"一带一路"新闻报道

2017年4月26日,《都市快报》头版刊发《一带一路,浙里的世界很精彩》。

《都市快报》2017 年 4 月 26 日

2017 年 6 月 9 日,《杭州日报》头版刊发《杭州企业拓展"一带一路",跨境电商业务更便捷》。

《杭州日报》2017 年 6 月 9 日

2017 年 10 月 22 日,《杭州日报》A05 版《党的十九大特别报道·杭州报告》刊发《一带一路:重构外贸新版图》。

《杭州日报》2017 年 10 月 22 日

2017 年 11 月 22 日,《杭州日报》头版刊发《赵一德率代表团在匈牙利考察访问,携手合作共享"一带一路"建设机遇》。

《杭州日报》2017 年 11 月 22 日

2017 年 12 月 8 日,《杭州日报》头版刊发《"一带一路"中的"杭州方案"——建设海外仓,构建国际电商物流体系》。

《杭州日报》2017 年 12 月 8 日

2017 年 12 月 24 日,《杭州日报》头版刊发《"一带一路"中的杭州文化因子:杭州的文艺演出遍及沿线国家,杭州的文学版权输出至 20 多国》。

《杭州日报》2017 年 12 月 24 日

2018 年 5 月 10 日,《杭州日报》头版刊发《车俊在全省对外开放大会上强调:坚持"一带一路"统领,全面推进开放强省》。

《杭州日报》2018 年 5 月 10 日

2016 年 11 月 13 日，《金华日报》头版刊发《争当"一带一路"建设排头兵——市政府召开第 140 次常务会议》。

《金华日报》2016 年 11 月 13 日

2017 年 6 月 9 日，《宁波日报》第 4 版刊发《宁波筑梦"一带一路"，加快物流业转型升级》《"一带一路"，新"宁波帮"再远行》。

《宁波日报》2017 年 6 月 9 日

2017 年 12 月 5 日，《宁波日报·开放周刊》B1 版刊发《"开放 2.0 版"，保税区如何进行新探索？》，指出宁波保税区正以"一带一路"建设为引领，坚持"引进来"和"走出去"并重，加快国际产能合作，发力新外贸。

《宁波日报·开放周刊》
2017年12月5日

2017年6月9日,《宁波晚报》A04版推出《新丝路新起点 2017中国中东欧博览会暨浙洽会消博会特别报道》专版。

《宁波晚报》2017年6月9日

2017年11月30日,《宁波晚报》第2版刊发《宁波"一带一路"综试区首次亮相:抛出100个项目的"大蛋糕,总量超过5000亿元"》。

《宁波晚报》2017年11月30日

2017年6月15日,《钱江晚报》第4版刊发《省党代会代表热议"义甬舟开放大通道"——"一带一路"倡议下浙江迎来新机遇》。

《钱江晚报》2017年6月15日

2017年6月9日,《绍兴日报》头版刊发《"一带一路"带动我市企业转型升级:在沿线国家投资项目多点开花》。

《绍兴日报》2017年6月9日

2017年7月24日,《台州日报》头版刊发《温岭:"境外裂变"对接"一带一路",已与62个"一带一路"沿线国家有贸易往来》。

《台州日报》2017年7月24日

2018年5月10日,《浙江工人日报》头版刊发《车俊在全省对外开放大会上强调:坚持"一带一路"统领,全面推进开放强省》。

《浙江工人日报》2018年5月10日

2017年5月15日,《浙江日报》头版刊发《"一带一路"国际合作高峰论坛开幕,习近平出席开幕式并发表主旨演讲》。

2017年5月15日,《浙江日报》第2版《"一带一路"高峰论坛特别报道》刊发《携手推进"一带一路"建设——在"一带一路"国际合作高峰论坛开幕式上的演讲》。

2017年6月9日,《浙江日报》头版刊发《车俊在浙江省参与"一带一路"建设推进会上强调:凝心聚力,共建共享,携手打造"一带一路"战略枢纽》。

《浙江日报》2017年6月9日

2018年3月15日,《浙江日报》第12版刊发《融"一带一路",汇全球才智——宁波北仑打造引智创新高质量发展新平台》。

《浙江日报》2018 年 3 月 15 日

2017 年 12 月 26 日,《浙江日报》第 12 版刊发《宁波梅山争当"一带一路"建设排头兵》。

《浙江日报》2017 年 12 月 26 日

2018 年 5 月 10 日,《浙江日报》头版刊发《车俊在全省对外开放大会上强调:坚持"一带一路"统领,全面推进开放强省》。

《浙江日报》2018 年 5 月 10 日

2. 报道反映新作为,追求传播效果

新时代,新征程,新作为。作为主流媒体,应承担宣传政治、传播知识、充实群众文化生活等使命,浙江报业根据时代特征,讲好浙江故事,突出实际效果,着力营造舆论氛围。如《浙江日报》

相继推出《贯彻党代会 迎接十九大》《"八八战略"新征程》《砥砺奋进 勇立潮头》等专题专栏,推出了"溯源新理念 大潮起之江——习近平总书记在浙江的探索与实践"共8篇主题报道,追溯习近平总书记推进中国特色社会主义在浙江创新发展的思想脉络和实践轨迹,为全省高水平全面建设小康社会和高水平推进社会主义现代化建设提供思想指引和精神动力。

2017年6月19日,《浙江日报》第10版《深读·思想者》专栏刊登"学习之路"——"学思践悟迎盛会"系列报道之《始终把人民放在心中最高的位置》。

《浙江日报》
2017年6月19日

2017年6月19日,《浙江日报》第5版推出"砥砺奋进 勇立潮头——深入学习贯彻省第十四次党代会精神"系列报道之《实现"两个高水平",谱写浙江新篇章》。

《浙江日报》2017 年 6 月 19 日

2017 年 8 月 12 日，《浙江日报》头版刊登《"八八战略"新征程——学习嘉善经验，增创县域发展新优势》专栏报道。

《浙江日报》2017 年 8 月 12 日

2017 年 9 月 7 日，《浙江日报》第 10 版刊登《"贯彻党代会 迎接十九大"特别报道》。

《浙江日报》2017 年 9 月 7 日

2017 年 9 月 19 日，《浙江日报》第 7 版推出"砥砺奋进 勇立潮头·喜迎党的十九大特别报道·舟山篇"《开放舟山大步跨越向世界：港通天下，货畅其流》。

《浙江日报》2017年9月19日

2017年10月6日，《浙江日报》头版刊登《挺立潮头开新天——习近平总书记在浙江的探索与实践·创新篇》。

2017年10月27日，《浙江日报》第4版推出《走基层 新征程 新目标》专栏报道。

2017年11月10日，《浙江日报》第5版推出《新时代 新征程 贯彻十九大 创造新业绩》专版。

《浙江日报》2017年11月10日

《浙江日报》2017年10月27日

参考资料

浙江省新闻志编纂委员会编:《浙江省新闻志》,浙江人民出版社 2007 年版

王文科、张扣林编著:《浙江省新闻史》,浙江大学出版社 2010 年版

张梦新等著:《杭州新闻史》,中国社会科学出版社 2011 年版

浙江图书馆馆藏市、县报(1949—1972 年)数据库

浙江日报数字报纸数据库